教育部人文社会科学研究规划基金项目（10YJA730007）

佛教比喻经典丛书

六十一个离奇的比喻故事

旧杂譬喻经注译与辨析

荆三隆 著

中国社会科学出版社

图书在版编目（CIP）数据

旧杂譬喻经注译与辨析／荆三隆著．—北京：中国社会科学出版社，2012.7

ISBN 978－7－5161－0959－5

Ⅰ．①旧… Ⅱ．①荆… Ⅲ．①佛经②杂譬喻经—译文③杂譬喻经—注释④杂譬喻经—研究　Ⅳ．①B94

中国版本图书馆 CIP 数据核字（2012）第 114736 号

出 版 人	赵剑英
选题策划	胡　靖
责任编辑	胡　靖　林福国
责任校对	王兰馨
责任印制	王　超

出　　版	中国社会科学出版社
社　　址	北京鼓楼西大街甲 158 号（邮编 100720）
网　　址	http：//www.csspw.com.cn
	中文域名：中国社科网　　010 - 64070619
发 行 部	010 - 84083685
门 市 部	010 - 84029450
经　　销	新华书店及其他书店

印刷装订	三河市君旺印装厂
版　　次	2012 年 7 月第 1 版
印　　次	2012 年 7 月第 1 次印刷

开　　本	710×1000　1/16
印　　张	15.25
插　　页	2
字　　数	201 千字
定　　价	38.00 元

凡购买中国社会科学出版社图书，如有质量问题请与本社联系调换
电话：010 - 64009791
版权所有　侵权必究

目　录

导言 …………………………………………………………… (1)

一　佛法胜鬼喻 ……………………………………………… (1)
二　孔雀王喻 ………………………………………………… (9)
三　裸女喻 …………………………………………………… (14)
四　沙门喻 …………………………………………………… (18)
五　悔过喻 …………………………………………………… (22)
六　沙弥为龙作子喻 ………………………………………… (25)
七　国王女儿与乞儿喻 ……………………………………… (30)
八　醉人喻与狗听经喻 ……………………………………… (35)
九　施比丘甘果与悟道喻 …………………………………… (39)
十　国王绕塔喻 ……………………………………………… (43)
十一　鬼与沙门喻 …………………………………………… (46)
十二　藏七宝喻 ……………………………………………… (49)
十三　持斋得报喻 …………………………………………… (52)
十四　逢淫女喻与王后前缘喻 ……………………………… (55)
十五　悭贪为天帝所化喻 …………………………………… (60)
十六　妻与人私通释怀喻 …………………………………… (64)

十七	前世因缘女喻	（68）
十八	女子有情喻	（72）
十九	善学喻	（76）
二十	狐与妇喻	（79）
二十一	国王闻羊语喻	（82）
二十二	国王买祸喻	（86）
二十三	鹦鹉灭火感神喻	（89）
二十四	三人怀恶共死喻	（93）
二十五	神树不解相通喻	（97）
二十六	嫁前誓见童子喻	（100）
二十七	无所亡喻与作泥屋得殿堂喻	（103）
二十八	得道喻	（106）
二十九	梵志被逐喻	（109）
三十	妆饰面目喻	（112）
三十一	种一善生十善报喻	（114）
三十二	煮草变牛骨喻	（118）
三十三	杀生早夭喻	（121）
三十四	鱼形人身喻	（124）
三十五	佛不为猎人说经喻	（127）
三十六	拜金釜为师喻	（130）
三十七	女变男喻	（133）
三十八	猕猴堕地死喻	（136）
三十九	鳖喻与剃头得报喻	（139）
四十	国王遇鬼喻	（142）
四十一	太子恶念成善喻	（145）
四十二	家有二妻喻与四难、饭食、知足喻	（148）
四十三	比丘持戒如人中师喻与斋戒喻	（153）
四十四	龙还雨海中喻	（157）

四十五	狐、猴、獭、兔养人喻	(160)
四十六	破鬼神像喻	(164)
四十七	国王作沙门喻	(167)
四十八	绕塔喻	(170)
四十九	王礼佛喻	(173)
五十	王礼沙门喻	(176)
五十一	魂摩故骨喻	(178)
五十二	沙门与鬼喻	(181)
五十三	沙门衣堕地喻	(184)
五十四	六人欲说罪喻	(186)
五十五	舍利弗得宝喻	(191)
五十六	如来法眼喻	(195)
五十七	龙王与佛斗法喻	(200)
五十八	文殊菩萨善度喻	(207)
五十九	佛说法喻	(212)
六十	少年供佛甘果喻	(219)
六十一	念佛功德喻	(225)

后记 ·············· (231)

导　言

佛教发轫于古天竺，在长期的发展和演化过程中形成了十分庞大而精密的体系，佛教典籍目前在全球范围内只有汉译本保存得最多、最完整，其中汉译《大藏经》以其所收集的历史文化资料之广博而著称，是其他典籍无可比拟的。佛教经典涉及哲学、历史、文学、艺术、天文、历算、医药、建筑等诸多领域，是包罗宏富的宗教文化古籍，对中国和世界文明都曾产生过极为深远的影响。在成千上万的佛典经卷中，许多经典，如《维摩经》、《法华经》、《佛所行赞》、《百喻经》等，本身就是瑰丽的文学作品，在历史上曾被译为多种文字，其中的比喻故事被人们广为传诵。佛教文学不仅丰富了中国古典小说的创作，其俗讲、变文对后世的平话、戏曲文学的形成，产生了巨大的影响，为汉语言文学的发展提供了丰富的文化资源。

一　佛教比喻经典的思想内容与特征

佛教比喻经典，无论对历史还是现实生活，都产生过广泛而深远的影响。发掘其思想文化资源，有助于促进社会的祥和安定，使人们在处理各种纷扰的利益关系时，保持互谅和睦；在解决各种社会矛盾时，做到圆融会通。佛教比喻经典内容博大宏赡，系统致密，在千百年的传播中，已经浸润在人们的心灵中，体现在社会生活的各个方面。它不仅展示了广阔的理论空间，同时也构成了一整套修身的独特思维方式，对于为人处世、社会交往具有重要的指导意义，成为人们知行兼备、定慧双运的实践和体验，对中国历代文人以及社会文化心理都产生了深刻的影响。通过对佛教比喻经典的整理，使我们对《大藏经》中所展示的佛教比喻故事有一个整体的、全面的了解。通过系统的注疏和白话文的翻译，可以加深广大读者对佛教比喻经典的理解认识。弘扬佛教文化中的优秀内容，尤其是通过对佛教比喻故事中精彩纷呈的生活画面的分析评论，可以全面展示佛教故事中所蕴涵的丰富社会生活内容，这些内容既涵盖了当代社会精神文明建设中的各个方面，也有利于人们开阔视野。

笔者认为，佛教比喻经典研究在构建和谐社会中的作用体现在方方面面，诸如修身思想与当代社会的关系，对无情有性、珍爱自然的认识与当代的环境保护，循循善诱、开悟心识的教化方式，精喻妙比的证理法门，佛教文学作品中的语言特色，比喻中的佛教义理及当代启示，佛教比喻中的典故、成语探究，佛教经典汉译与中国化的演变，释门比喻文学与因缘文学作品的相关讨论，佛教比喻经典与中国古代文学作品的相互联系，禅思、佛理在当代文化建设中的表现和作用，等等。这种系统性、整体性的研究是我们的主要创新之处，对个案和具体内容的分析及特异性研究是我们力求的独特之处。

佛教比喻经典尽管时间跨度大，卷帙浩繁、形式多样，但仍有规律可循。其突出特点可以概括为四个字："人"、"物"、"事"、"理"。

"人"是指通过生动的人物形象表现佛教的基本教义，化抽象为具体，使佛教的义理贯穿体现在日常生活的衣食住行之中。

"物"是说以小见大，用我们习以为常的动物、植物以及自然界的一切事物做比喻，凸显佛教的伦理思想。将人生伦理的业力果报与因果轮回学说联系在一起，以达到扬善去恶的目标。其中的三世两重因果论把人际伦理和自然伦理相互融合，提升到了一个极为宽广的时空坐标中加以审视，不仅要求协调好人际关系，还展现了万物平等、代际公平的思想理念，这些思想对于当代社会伦理和社会道德建设仍然可以起到促进作用。

"事"谓之生活常识、社会公理，乃至衣食住行、婚丧嫁娶、爱恨情仇、生老病死，生活中的一切，无不可以入喻。喻语是佛家七语（因语、果语、因果语、喻语、不应说语、世流布语、如意语）之一。佛教以简短有趣的寓言故事、因缘故事弘扬佛法，用通俗而生动的生活语言、生活故事，来表现佛教的智慧，往往发人深省、耐人寻味。

"理"意在佛教比喻通过精湛致密的论述方式，用百态纷呈的比喻故事，表现出睿智超妙的思想特征。佛门的喻世论理、巧妙细腻、精彩动人，化深奥的玄机为人皆可解，从而达到了寄浅训深的效果。佛经在长期的传播中，极大地丰富了汉语的表现能力。大量的佛教比喻经典都十分注重概念的辨析，形成了系统的各种概念和名相。尤其是条分缕析、层层推进的表现手法，以及注重因果、注重过去、现在、未来相互联系的逻辑方式，对中国文学、史学、哲学的论述方法和表达方式都产生过重大的影响。

二　佛教比喻经典的概况与类型

比喻，从文学上说，是一种"借彼喻此"的修辞方法。佛典中大量运用了比喻的手法来论述和阐发佛教义理。在大藏经中，比喻经典主要集中在三个部分：

第一部分，阿含部中的六卷单篇的比喻经典，即《咸水喻经》、《箭喻经》、《蚁喻经》、《五阴譬喻经》、《佛说马有八态譬人经》、《佛说月喻经》各一卷。

第二部分，本缘部中的比喻经。这一部分比较复杂，可以大体上分为以下三个类型：

一是佛陀本生类，即以佛陀前世修行故事构成。如《六度集经》八卷，共九十一篇，其中有八十二篇是关于佛陀的比喻故事，《佛本行经》七卷、《佛所行赞》五卷。

二是佛教因缘类，即以佛教因果故事为主题。如《撰集百缘经》十卷、《大庄严论经》十五卷、《贤愚经》十三卷、《杂宝藏经》十卷。

三是阐发佛教义理的比喻类。这一类经的形式又可以分为四种：

1. 《旧杂譬喻经》一部两卷，《杂譬喻经》三部四卷，《众经撰杂譬喻》一部两卷。

2. 由九十八个比喻故事合集的《百喻经》四卷。

3. 由偈言，即诗句组成的比喻经，有《法句譬喻经》四卷。此外，还有与其相似的《出曜经》三十卷，"出曜"梵文意为"譬喻"，全经以阐发佛义为要。

4. 比喻经类的六卷单篇经典。分别是：《猘狗经》、《群牛譬经》、《大鱼事经》、《譬喻经》、《灌顶王喻经》、《医喻经》各一卷。

第三部分，经集部中的两卷，即《慈氏菩萨所说大乘缘生稻秆喻经》一卷（《大正藏》第十六册，第819页上至821页中）、《佛说旧城喻经》一卷（《大正藏》第十六册，第829页上至830页中）。史传部中的一卷《天尊说阿育王譬喻经》一卷（《大正藏》第五十册，第170页上至172页上）。

以上三个部分，共计一百二十九卷。

此外，佛典中的比喻层出不穷，如用"空华"、"水月"、"恒沙"来比喻"幻有"、"妄见"、"无量"等抽象概念；喻词迭出，仅以"法"构成的喻词如"法海"、"法云"、"法船"、"法雨"等，就有一百七十余个之多；《圆觉经》中"动目摇湛水"、"定眼回转火"、"云驶月运"、"舟行岸移"的比喻更是脍炙人口；《金刚经》六喻以"如梦、幻、泡、影、露、电"的联喻妙比，来说明一切事物的妄有形态。不仅如此，比喻还是佛典分类的一个组成部分，是佛说十二部之一（契经、应颂、授记、讽颂、自说、因缘、譬喻、本事、本生、方广、希比、论议）。佛典中《维摩经》、《法华经》中的比喻故事也是公认的文学珍品。

三 本丛书的内容、体例

这套丛书是我们承担的"教育部人文社会科学研究规划基金一般项目"的成果。

丛书内容包括《月喻六经》六卷、《旧杂譬喻经》两卷、《杂譬喻经》四卷、《众经撰杂譬喻与医喻九经》十一卷、《杂宝藏经》十卷，共五部书三十三卷佛典的注译、评析与研究。根据我们的工作和出版的实际情况，还会有适当的调整。应当指出的是，我们的工作是在前期研究的基础上展开的，借鉴了笔者已有成果，包括：《佛家名言阐释》、《佛教起源论》、《中国古代文化论稿》、《白话楞伽经》、《白话楞严经》、《印度哲学与佛学》、《儒佛道三家名言品鉴》、《儒释思想比较研究》、《金刚经新注与全译》、《百喻经注释与辨析》、《圆觉经新解》、《佛蕴禅思》、《印度佛学与中国佛学文集》等十三本著述中的相关内容。

我们以《大正藏》作为工作底本，参校其他版本。在体例上，每篇佛经故事之前，都有"题解"，然后再按"经文"、"注释"、"译文"、"辨析"的顺序依次进行。因此，每一篇故事，都是以"题解"发端，以"辨析"收尾。

"经文"部分，若过长，则分段标点、注译。对于经文中的异体字、讹字、组合字，一律按原文录出，以保持原貌，并在注释里校正、说明。

"注释"中，对于一词多义、同词别指、异词同义的佛教概念、名相，则予以复注，同一书中已注出的名词、义理，原则上不予复注。第一部书的注释会较为详尽。

"译文"部分，以直译为主，在专有名词已经注释的前提下，兼采意译，以方便阅读。

"辨析"是笔者对佛典思想和表现形式的解读和心得。

需要说明的是，在注释和辨析部分，笔者不恪守于旧注、旧说，会注重早期佛教的特点，特别是印度文化的特点予以评说。这套书是笔者从事佛教文化研究以来对佛教经典又一次整理和研究的成果，谬误、疏漏乃至偏颇之处，敬请读者指正。在此，衷心地期望这套佛教比喻经典能够得到读者的喜爱。

荆三隆

2011年2月于西安

一

佛法胜鬼喻

【题解】

佛法无边,胜过一切鬼神,在佛教的世界里,一切鬼神,都可以被改造为佛陀教义的护法神。这是因为佛法是为一切众生谋福祉的,而鬼神往往是为自己牟私利的;佛法是引导人们向善的,魔法是向恶的。本文的寓意在于只要心中有善,就能驱魔胜鬼。

【经文】

昔无数世,有一商人,号曰萨薄。时适他国,卖赍货[1]。所止近住,佛弟子家。佛弟子家时,作大福安施[2],高座众僧说法,讲论罪、福、善、恶由心,身、口所行及四谛、非常、苦空之法[3]。远道贾人时来寄听,心解信乐,便受五戒,曰优婆塞[4]。上座,以法劝乐之言:"善男子护身、口,心十善具者[5]。戒有五神,五戒有二十五神,现世卫护,令无枉横,后世自致无为大道。"贾人闻法,重喜无量。后还本国,国中都无佛法,便欲宣化。恐无受者,以所受法教化父母、兄弟、妻子及诸中外,皆便奉法。

去贾人土千里有国，民多丰乐，宝物饶好。二国否塞[6]，绝不复通，百余年中。所以故，有阅叉居其道中，得人便啖[7]，前后无数。是故断绝，无往来者。贾人自念：吾奉佛戒，如经所道，及有二十五神，见助不疑，听彼鬼唯一人耳，吾往伏之，必获也。时有同贾，五百余人。便语众人："吾有异力，能降伏鬼。汝等能行，诣彼者不？及有大利。"众人自共议："二国不通，从来大久，若得达者，所得不訾。"[8]便相可适，进道而去。来至中路，见鬼食处，人骸骨发，狼藉满地。萨薄自念：鬼神前后所可食人，今证验现。我死职当恐此众人。便语众辈："汝等住此，吾欲独进。得胜鬼者，当还相迎；不得来者，知为遇害。便各还退，勿复进也。"于是独前。

方行数里，逢见鬼来。正心念佛，志定不惧。鬼到问曰："卿是何人？"答曰："吾是通道导师也。"鬼大笑曰："汝闻我名不，而欲通道？"萨薄曰："知汝在此，故来相求，当与卿斗。若卿胜者，便可食我。若我得胜，通万姓道，益天下利矣。"鬼言："谁应先下手乎？"贾人言："吾来相求，故应先下。"鬼听可之。以右手叉之，手入鬼腹，坚不可出；左手复打，亦入。如是，两脚及头都入鬼中，不能复动。于是阅叉，即以颂而问曰：

手足及与头，五事虽绊羁。
但当前就死，跳踉复何为？
手足及与头，五事虽被系，
执心如金刚，终不为汝擘。
吾为神中王，作鬼多力旅。
前后啖汝辈，不可复称数。
今汝死在近，何为复诒语？
是身为无常，吾早欲弃离。
魔今适我愿，便持相布施。

缘是得正觉，当成无上智。
志妙摩诃萨，三界中希有[9]。
毕为度人师，得备将不久。
愿以身自归，头面礼稽首。

于是阅叉，前受五戒，慈心众生，即为作礼，退入深山。萨薄还呼众人，前进彼土。于是二国，并知五戒十善。降鬼通道，乃识佛法至真无量。皆共奉戒，延敬三尊。国致太平，后升天得道。乃五戒贤者，直信之恩力也。

佛告诸比丘："时萨薄者我身是。菩萨行尸波罗蜜，所度如是。"[10]

【注释】

[1] 赍（jī）货：赍，携带、持，把东西送给别人。赍货，带着货物。

[2] 佛弟子家时，作大福安施句：佛，指佛教创始人释迦牟尼，梵语意为"释迦族的圣者"，亦称佛陀。他生于公元前563年的北印迦毗罗卫城的兰毗尼园，即今天的尼泊尔境内，卒于公元前486年的吠舍离城的波梨婆村，享年80岁。弟子，一般指四众弟子，即出家修行的男性比丘（俗称和尚）、女性比丘尼（俗称尼姑）和在家修行的优婆塞即男信众、优婆尼即女信众。大福安施，意为给予广大福德和安乐的布施。布施一般分财布施、法布施、无畏布施三种。

[3] 四谛、非常、苦空之法句：四谛，指苦、集、灭、道四种真理。苦谛是指对人生是苦的认识；集谛是对产生人生苦难的原因的分析；灭谛是指涅槃寂静；道谛是达到寂静涅槃境界的道路和方法，即八正道：正见、正思惟、正语、正业、正命、正精进、正念、正定。非常、苦空，指三法印，即一切无常、一切无

我、人生皆苦（一说涅槃寂静）。

［4］便受五戒，曰优婆塞句：信守佛教不杀生、不偷盗、不邪淫、不妄语、不饮酒五戒的在家修行的男信众。

［5］十善具者：信守佛教不杀生、不偷盗、不邪淫、不妄语、不两舌、不恶口、不绮语、不贪欲、不瞋恚、不邪见，为十善，反之为十恶。

［6］否（pǐ）塞：闭塞不通。

［7］阅叉居其道中，得人便啖（dàn）：阅叉，梵文音译，亦作药叉、夜叉，伤人害命的恶鬼。天龙八部之一，后来成为佛教的护法神。啖，吃。

［8］訾（zī）：同"资"，计算。

［9］志妙摩诃萨，三界中希有：摩诃萨埵，梵语音译，意为大心、大有情，发愿修行的众生。三界：欲界、色界、无色界。欲界又分为地狱、饿鬼、畜生三恶道和天、人、阿修罗三善道。色界位于欲界之上，为离欲的众生所住的世界，有十七天。无色界在色界之上，包括四无色天。

［10］菩萨行尸波罗蜜：菩萨，梵语音译，菩提萨埵的略称，意为觉有情，即度众生出苦海的人。尸波罗蜜，又称"尸罗波罗蜜"。尸罗，梵语音译，即戒。波罗蜜，即到彼岸。尸波罗蜜，六波罗蜜之一，即六度（六种到彼岸的方法，包括布施、持戒、忍辱、精进、禅定、智慧）中的持戒。

【译文】

佛法改造恶鬼的比喻故事

很久以前，有一个商人，名叫萨薄。一次恰逢他去别的国家买卖货物。为了方便，就借宿在附近的佛教信众家里。那时，此佛教信众家中，正在举行福德安乐的布施活动，请了众多高僧说法，讲述罪福、善恶皆由人心、语言、行为造成，以及一切无常、一切无我、人生皆苦的道理。远来的商人萨薄在一旁听后，有所领悟，产生了信仰和喜悦之心。他接受了五戒，成了一名在家修行的佛教信众。高僧以佛法劝他："有成就的修行者应该维护身心，具备十种善行。每持一戒就有五位神护佑，五戒就有二十五位神灵护佑。现世可以让人免遭冤枉和横祸，以后则可以成就佛果。"萨薄听过佛法后，感受到了无法言喻的喜悦。回国后，由于他所在国没有佛法，他就宣传佛法。担心人们不接受。为了便于宣传和教化，就先给父母、兄弟、妻子以及亲戚传法，使他们都信奉了佛教。

距商人家乡千里之外的另一个国家，人民安居乐业，物产丰富。这两个国家彼此隔绝，不通信息，已有一百多年了。何以如此呢，因为有一个恶鬼居住在来往道路的途中，见人便吃，先后被他吃掉的人不计其数。正是这个原因，两国之间断绝了往来。萨薄心想：我皈依佛门持守戒律，如果经过此道，会有二十五位神的护佑。听说鬼却只有一个，若我前去降伏他，一定能获胜。当时与他一起经商者有五百多人。于是他对众人说："我有神力，能降伏恶鬼。你们想不想去那个国家？到那一定会有丰厚的利润。"众人共同商议说："两国之间已经很久没有通商往来了，若能去那里，一定能得到不菲的利润。"就相互约好了日子，一同上路了。走到半路，见到被恶鬼所吃者的尸骸、骨头、毛发，一片狼藉。萨薄心想：以前听说恶鬼吃人，现在验证了。如果我死于恶鬼之口，会惊吓大家。便对众人说："你们在此等候，让我一人独自去。如果我战胜了恶鬼，就会回来迎你们；如果我没回来，你们就知道我遇害了，便各自回家，不要再去了。"于是便独自前行。

刚走了几里路，就见恶鬼迎面而来。商人端正心念，持守佛法，意志坚定，毫不惧怕。恶鬼见到他就问："你是什么人？"萨薄回答："我是引导人们通达大道的导师。"鬼听后大笑说："你不曾听说我的大名，还想开通道路？"萨薄说："知道你在此地，所以来拜访，我要与你决斗，如果你胜了，就可以吃掉我。如果我胜了，就为百姓打通大路，造福天下。"鬼说："谁应该先下手？"商人说："我来拜访，因此我应当先下手。"鬼听后就答应了。萨薄先用右手打入恶鬼的腹部，手拔不出来；又用左手再打，打入后也拔不出来。萨薄的两脚及头也都被吸入恶鬼腹中，动弹不得。于是，恶鬼用诗句向商人问道：

双手双脚与头部，全身五体被制住。
应知前来就是死，上下跳跃有何用？

萨薄答：

双手双脚与头部，全身五体虽被缚。
佛心坚如金刚石，终究不会被掳掠。

鬼说：

我是神鬼王中王，作为恶鬼力无穷。
前后吃掉如你者，已经不知多少人。
今你已死在临头，何必还要说大话？

萨薄答：

身体本自于无常，我早脱离于欲望。
魔鬼今天如我愿，便以妄相为布施。

以此因缘得正觉，应当成就无上智。

鬼说：

> 立志证悟菩萨地，三界之中实少有。
> 毕竟得遇度人师，不久将现功德行。
> 愿以此身皈依你，五体投地行佛礼。

于是恶鬼上前接受了五戒，以慈悲心对一切众生，向萨薄行礼后，退入深山修行。萨薄返回迎接众人，前去那个国家。于是这两个国家的百姓，都知道了萨薄用佛教"五戒"、"十善"降伏恶鬼和开通道路的事，认识到佛法真正的作用。他们也都持守戒律，礼敬佛、法、僧，国家从此太平，后来萨薄得道升于天际。这是持守五戒的修行者，虔诚信仰的恩德之力所产生的作用。

佛陀对各位出家人说："当时的萨薄就是我。有成就的证悟者度一切众生，就要这样做。"

【辨析】

这篇"佛法改造恶鬼的比喻故事"，是《旧杂譬喻经》中篇幅较长的一个比喻故事。内容讲述的是商人萨薄，在接受佛教的基本教义之后，坚定地持守不杀生、不偷盗、不邪淫、不妄语、不饮酒五种戒律，具备了十种善行，从而完成了从一个商人到一位佛教信众的转换，实现了从只关心自我的商业利益，到心怀百姓福祉的思想飞跃。为了使人们能够从两国之间的交往中受益，萨薄不惜生命与恶鬼决斗，最终以佛教的基本教义感化了恶鬼，使佛教在两个国家都得到了民众的认同。

"佛法胜鬼喻"篇，在思想上具有如下几个特点：

首先，佛教除了出家修行的方式外，在家同样可以修行"五戒"、"十善",获得神灵的护佑,变得智慧和勇敢,并最终成就佛果。这就为佛教的传播提供了更加广泛的社会基础。同时,佛教要求信众传播教义要从自己身边的人做起,从一人到一家,从一家到一族,从一族到一国,说明早期佛教十分重视传播教义的工作。

其次,人的智慧、勇气和力量,来自于信心,来自于对自我的改造,更重要的是来自于信仰。有了信仰,可以使人突破个人利益的束缚,成就一番事业,成为一个无私无畏,勇于奉献的人。这一点,恰恰是物欲横流的社会所缺失的。

另外,佛教的"五戒"、"十善",具有十分丰富的伦理学内涵,不杀生、不偷盗、不邪淫、不妄语、不饮酒,具备了当代最高的伦理规范。例如,仅仅一个酒后不能驾车的常识,在当代如果不上升到"刑律"的高度,就不足以对人们的行为产生制约,甚至会失去控制,从而带来严重的社会危害。

在表现方法上,本篇刻画了两个生动的人物形象——商人和恶鬼。其语言特点是散文和"偈语"即诗句相结合,人鬼对话,言简意赅、准确细致,令人过目不忘。用佛教"三法印"即"无常"、"无我"、"涅槃"学说,作为感化恶鬼的理论基础,给读者留下了思想空间。"鬼"由恶转善的过程,也给人以善恶只在一念之间的感受。

二

孔雀王喻

【题解】

孔雀，又名越鸟，有羽冠。是生长于热带或亚热带森林中或河岸边的一种体型较大的鸟类，属鸡形目，雉科。雄鸟的尾羽很长，上有五色金翠钱纹，色泽鲜艳，开屏时犹如巨大的彩扇。有绿孔雀、蓝孔雀、黑孔雀和白孔雀四种。可供观赏，羽毛可做装饰品。

孔雀被视为"百鸟之王"，深受人们的喜爱，也是文学作品、影视动漫、音乐舞蹈中常见的题材。因此，孔雀在许多人眼中不仅是供人们观赏的鸟类，也是圆满吉祥、美丽典雅的象征。在本文中佛陀以孔雀王比喻自己的前世，阐发了对世事人心的感悟。

【经文】

过去无数劫[1]。尔时有孔雀王，从五百妇孔雀相随。经历诸山，见青雀色大好，便舍五百妇追青雀。青雀但食甘露好果。

时国王夫人有疾，夜梦见孔雀王。寤则白王："王当重募求之。"王命射师："有能得孔雀王来者，赐金百斤，妇以女女之。"诸射师分布诸山，见孔雀从一青雀，便以蜜麨[2]，处处涂树。孔雀日日为青雀取食。如是玩习，人便以蜜麨涂己身。孔雀便取蜜麨，人则得之。语人言："我以一山金相与，可舍我。"人言："王与我金并妇，足可自毕已。"便持白王。

孔雀白大王："王重爱夫人，故相取。愿乞水来咒之[3]，与夫人饮、澡浴。若不差者，相煞不晚。"王则与水，令咒。授予夫人饮，病则除。宫中内外诸有百病，皆因此水悉得除愈。国王人民来取水者，无央数。孔雀白大王："宁可木系我足，自在往来湖水中，方咒令民，远近自恣取水。"王言："大佳。"则引木入湖水中，自极制，方咒之。人民饮水，聋盲视听，跛伛皆伸。孔雀白大王："国中诸恶病，悉得除愈。人民供养我如天神无异，终无去心。大王可解我足，使得飞往来入，入湖水中，暝止此梁上宿。"王则令解之。如是数月，于梁上大笑。王问曰："汝何等笑？"答曰："我笑天下有三痴：一曰我痴，二曰猎师痴，三曰王痴。我与五百妇相随，舍追青雀，贪欲之意，为射猎者所得，是为我痴；射猎人我与一山金不取，言王当与己妇并金，是射猎者痴；王得神医，王、夫人、太子、国中人民诸有病者，悉得除愈，皆便端正，王既得神医而不牢持，反纵放之，是为王痴。"孔雀便飞去。

佛告舍利弗[4]："时孔雀王者，我身是也；时国王，汝身是；时夫人者，今调达妇是；时猎师者，调达[5]是也。"

【注释】

[1] 劫：劫是印度古代最长的计时单位，又译为劫波。通常把世界从形成、发展到灭亡的整个过程称为一劫。佛教把成、住、坏、灭四个时期，称为一大劫，这四个时期各包括二十中劫，一中劫由一增、一减两小劫构成，一小劫约一千六百八十万年。还有不同说法，以及作为借代词，如劫数、浩劫等用法。无数劫，言时间极长。

［２］蜜麨（chǎo 吵）：麨，炒熟的面粉。蜜麨，拌了蜜的炒面。

［３］咒：所谓祈福禳灾、驱鬼降妖的口诀。佛教咒语意为佛之密语，非圣贤不解。诵咒大体上有成就、增益、破恶、召魔降伏、伏一切邪咒、吉祥等功德。佛教还认为，咒中所述鬼神，不是现实世界的人们能理解的；咒如军中口令，不足为外人道；咒可以对治不同人的各种心魔。总之，佛咒被信众认为是精妙光明、世人不解、不可思议的。

［４］舍利弗：佛陀的十大弟子之一，有"智慧第一"的称谓。舍利弗，或称鹙鹭子、舍利子，摩揭陀国王舍城人，婆罗门种姓，因其敏捷智慧，善讲佛法，故称。

［５］调达：人名，是与佛陀同时期的婆罗门教的代表人物。在佛教经典中，调达是与佛陀为怨，破坏佛法的人。

【译文】

孔雀王的比喻故事

在很久以前，有一个孔雀之王，随从它的有五百位孔雀夫人。当它们飞过群山时，孔雀王见到一只青雀，风姿卓绝，就舍弃了五百位夫人去追求青雀。青雀很高贵，只饮甘泉清露、采食树上佳果。

当时有一位王后得了病，夜里梦见了孔雀王。梦醒后她对国王说："请大王重金悬赏，为我求得孔雀王。"国王传令有经验的猎手说："谁能把孔雀王捉来，则赐给黄金百斤，并把女儿嫁给他。"于是，猎手们分布在各个山中寻找。看见了那只追随青雀的孔雀王，猎手们便把蜜拌的炒面，涂抹在各处的树上。孔雀王天天都为青雀觅食。等到孔雀王习惯了从树上觅取蜜拌的炒面后，猎手再把蜜拌的炒面涂到自己身上。当孔雀王再来觅食的时候，就被一位猎手捉到。孔雀王对猎手说："放了我吧，我给你一座金山。"猎人说："国王给我黄金与女人，足够我一生受用了。"就将孔雀王交给了国王。

孔雀王对国王说："大王您深爱夫人，所以捉我。请拿水来我念完咒语，给夫人饮用、洗浴。如果治不好她的病，再杀我也不晚。"国王拿水来，让孔雀念咒，然后给夫人饮用，病果然好了。王宫内外患有各种疾病的人，都因喝了这种水而病愈。国中来取水的民众，无法胜数。孔雀王对国王说："可以在我的脚上系上木头，让我在湖中自在往来，我念咒语，让远处近处的人们都随意取水。"国王说："太好了。"就把脚上系了木头的孔雀王放到湖中，孔雀王极力控制自己，开始念咒。人们饮用湖水后，耳聋者能听见了，目盲者能看见了，跛腿老妇的腿能伸展了。孔雀王对国王说："国人的各种疾病都治愈了。人们供养我如同供奉天神一样，我已不想离开了。请国王解开系在我脚上的木头，使我可以往来自由，在湖水中飞进飞出，夜间栖息在房梁上。"国王下令取下了孔雀王脚上的木头。这样过了几个月后，孔雀王在梁上大笑。国王问："你为何这样笑？"孔雀王回答："我笑天下有三痴：一是我痴，二是猎人痴，三是国王痴。我有五百位夫人相随，却舍弃它们去追求青雀，由于有贪欲之心，被猎人捕捉，这就是我痴；那猎人我给他一座金山不要，说国王会给他夫人与金子，这是猎手痴；国王得到神医，国王、夫人、太子、国人所有的病，都被治愈了，容貌更加端庄美好。您已得神医却不牢牢看住，反而放了它，这就是王痴。"孔雀王随后便翩翩而去。

佛陀对弟子舍利弗说："那时的孔雀王，就是我的前身；那时的国王，就是你；那时的夫人，就是今天调达的夫人；猎手就是与佛法对立的婆罗门教的调达。"

【辨析】

调达是佛陀的堂弟，随佛陀出家后，在十二年里精勤不懈、潜心修行，诵经六万部，无人能出其右。因未能得圣果，而渐生恶念，率五百信徒脱离僧团，自称大师，另立异说。他曾趁佛陀入王舍城时，放出狂象加害佛陀，欲取而代之。调达希望获得供养，学会神通变化，让大家敬服自己，还认为号称"智慧第一"的舍利弗，与他相比如萤火比于日月。他刻意奉承频婆娑罗王的太子，得到宠幸。

有弟子见调达自出入宫中，富贵荣华，心生羡慕，请佛陀开示，佛说欲望只会招致恶报。如山鹰对雏鸟说："学飞时不要贪快，飞得过高会受伤。"雏鸟不听劝，率性飞到高空，结果被风吹落，肢体分离。若贪供养，必受苦果。为了让弟子明白利欲害人的道理，佛陀又讲了一则比喻故事："西域的大月氏国，有以酥油和麦煎熟后喂猪的习俗，当时宫中有马驹闻到香酥的味道，向其母抱怨：'我们为国王卖命，四处奔波，为什么待遇却不如猪仔，每天只吃水草？'母马回答：'千万不要这样想，这样的待遇是祸不是福。'不久年关将近，家家捉猪投于沸水，猪之哀嚎远近皆闻。母马问子：'你们想吃煎麦吗？'小马听后胆战心惊。"（参见《出曜经·卷十四》）

贪欲是一切烦恼之源，人们在物欲的支配下，成为各种利益的"奴仆"，痛苦不堪，甚至丧失了人格和自我。故事中孔雀王由于贪欲，差点丢了性命。佛陀用自己前世的比喻故事，告诫世人离欲得乐的道理。掩卷思之，感慨万端，可见佛陀之良苦用心。

三

裸 女 喻

【题解】

比喻故事中的裸女,不是无衣可穿,也不是不想穿衣服,而是一穿上衣服,身上的衣服就会自燃,故谓裸女。因此,确切地说,应当称其为"火女"。造成这样结果的原因是这位裸女前世太吝啬。她曾阻止丈夫布施衣服,招来的报应是自己今生无衣可穿。后来由国王供衣给船夫,船夫读了《五戒经》,向裸女回施功德,消除她的罪障,终于使她着上新衣。

【经文】

昔有国王,行射猎于旷泽中,大饥渴,疲极。遥望郁然,有屋、树木,即往趣之。中有一女人,王从求饮食、果实之辈,所求悉得。

王请女人与相见,侍人说:"裸形无衣。"王即解衣与之。有自然火烧衣,如是至三。王惊问女:"何因如此?"女人答言:"前世为王妻。"王饭沙门梵志[1],又欲上衣。

我时言:"但设饭则可,不须与衣。故受此罪。若王相念,作衣与国中沙门道士,若晓佛经者,咒愿女人,得脱此勤苦。"

王受其言,还国作衣。求沙门道人,了不得,时国无晓佛经者。王忆念:问舍度父[2]当知之。度父言:"乃昔有人,度无钱,以《五戒经》[3]一卷相与,读之耳。"王言:"汝知佛经。"则以衣与度父,使咒愿,令裸形女人得福无量,解脱勤苦。女人则时有新衣着身。故在鬼道中命尽,当生第一天上[4]也。

【注释】

[1] 沙门梵志:沙门,古代印度对出家修道者的通称。梵志,原指婆罗门教立志修行"苦行"的出家人。沙门梵志,本文指出家修行佛教的信众。

[2] 度父:在渡口撑船摆渡的船夫。

[3]《五戒经》:佛教宣说不杀生、不偷盗、不邪淫、不妄语、不饮酒五戒的经典。

[4] 鬼道中命尽,当生第一天上:鬼道,饿鬼道,佛教六道轮回之一。六道,即根据生前所做善恶,死后的六种去处。分别是:地狱、饿鬼、畜生、人、天、阿修罗。第一天,又称"初禅天",四禅天的第一种,是修行的果位。为断口、鼻二识,不食人间烟火,仍有喜、乐感受的境地。

【译文】

王后成裸女的比喻故事

从前有一位国王,打猎时来到空旷的沼泽中,极度饥饿、干渴和疲惫。这时遥望远方,看到一片葱郁,有房屋与树木,就走了过去。屋里有一个女人,国王就向她讨要饮食、果类等以充饥,国王所有的要求都得到了满足。

国王希望见这个女人当面致谢,侍从告诉国王:"这个女人没穿衣服。"国王立即脱下衣服给她，当这个女人穿上衣服时，身上就起火自燃把衣服烧了，再给再烧，如此反复了三次。国王惊奇地问这个女人："怎么会这样呢？"女人回答："我前世是国王的妻子，当时国王要给出家修行的人施舍饭食，还要送给衣物。我当时说：'施舍饭食就行了，无须再给衣服了。'因此今生受此罪。若国王怜悯我，就做衣服给国中出家修行的人。如有通晓佛经者，让其用佛咒让我得福报，解脱痛苦。"

国王受托，回国制衣后，寻找出家修行的人，却找不到，当时国内没有通晓佛经的人。国王心想：问一下摆渡的船夫，他应当知道。船夫说："以前有一人乘船渡河，没有钱，就把他带的一卷《五戒经》给了我，我读过这部经。"国王说："你知道佛经。"就把衣服给他，让他念佛咒，使得裸女得福无量，解脱了痛苦。从此，这位女子身上时时穿有新衣。并且结束了她饿鬼道的报应，转生到了脱离苦难的天界。

【辨析】

这个比喻故事主要由国王和裸女两个人的对话构成，情节比较简单，旨在宣传佛教因果报应和六道轮回的思想学说。

因果关系是逻辑思维中最普遍的推理关系，也是人们普遍认同的生活常理，如栽什么树苗，结什么果，撒什么种子，开什么花。佛教把这种因果关系与人的行为和思想联系起来，将其系统化，使善恶观念成为佛教伦理思想的基本特性。一般来说因果报应分为现报，即今生造业，今生报应；来生报，即今生造业，来生报应；后报，即今生造业，后世报应。这就是我们常说的：善有善报，恶有恶报。不是不报，时候未到。这种认识不仅符合一切善良人的普遍愿望，而且有助于提升整个社会的道德水准，所以具有一定的思想价值。

佛教的因果报应是与六道轮回相互联系的。所谓的六道轮回是指生前为恶的，死后入"三恶道"即地狱、饿鬼、畜生，饱受折磨；为善的入"三善道"即人、天、阿修罗，感受人生，体验"有情"境界。

本文内容的"奇异"与手法的"精妙"，都给人以难忘的印象。

首先，裸女穿衣身体就会自燃着火，这一极富创造力和想象力情节，暗含着佛法无边，具有"不可思议"的神通和造化万事万物的力量。更重要的是，这其中传达出了一个信息，凡是做了对佛教信众不利的事，无论是谁，都会受到不可逃避的报应。这就极其明确而巧妙地告诫世人，谤佛必遭天谴。从而达到了捍卫和宣扬佛教信仰的立场。

其次，故事的发展演进既符合情理又出人意表。在困境中受惠于女子的国王，要求面谢是最基本的礼貌和人之常情，而裸女的尴尬也令人理解。但她不能穿衣的现象及原委，又是人们现实生活中未曾有的奇异之事。裸女，这位当年的王后，只因阻拦施舍的一句话，落得个不得穿衣的裸女身。国王听她诉说了前世今生，便无法拒绝她的请求助其解脱也是顺理成章的事。离奇的故事，曲折的表达，加之，简洁生动的语言都使得本文具有很强的可读性。

四

沙门喻

【题解】

诚信是成就事业的根本,也是一个人应具备的基本品质,但是要做到这一点并不容易。佛教把"不妄语"作为佛教徒最重要的戒律之一,这不仅为佛教徒订立了行为规范,也为社会的诚信建设做出了榜样。本文就以佛教出家人信守承诺、维护社会正义所采取的态度为喻,提醒人们要从小事做起,不要失信于人,否则就会付出巨大的代价。

【经文】

昔海边有国王行射猎,得一沙门,持作伎[1]。使沙门夜诵经,作梵声[2]。王言:"此伎大工歌。"有客辄伎歌。

时有异国优婆塞贾,往到其国。王请之,出沙门,令歌。优婆塞闻说深经,内心踊跃,即去。国人以千万往赎,至三千万,王乃与之。贾人作礼曰:"我以三千万相赎,在所到。"道人即弹指[3],踊在空中,曰:"卿自赎,不赎我也。所以者何?往昔王为卖葱人,汝来于王买葱,不毕三钱[4]。我时任卿,卿遂不还三钱。今此生子息,乃至三千万,汝当还本三钱也。"主则意解悔过，受五戒，为优婆塞。

师曰："债无多少不可负，亦不任人也。"

【注释】

[1] 伎：艺人。古时以歌舞为业的人称歌舞伎。

[2] 梵声：指梵音巴呗，是用梵文、巴利文诵出的佛经。本处指唱经。

[3] 弹指：用指弹出声音。在古印度弹指有四义：欢喜、警告、许诺、时间单位（瞬间）。现在常用来表示时间飞速流逝，如"弹指一挥间"。

[4] 不毕三钱：毕，结、完结。不毕三钱，指没有结清欠的三个钱币。

【译文】

一位和尚的比喻故事

从前有一位国王，在海边打猎时，遇到一位佛教的出家修行者，请他做了宫廷乐师。让这位出家人夜间诵唱佛经。国王听后说："这位乐师真是擅长歌咏的大师。"每当有宾客的时候就让他吟唱佛经。

当时另一国家的一位在家修行的佛教徒，到这个国家来经商。国王就请出这个乐师为这位身为商人的佛教徒吟唱佛经。身为佛教徒的商人听了乐师演唱深奥的佛理后，内心激动地离去。后来，商人提出要以一千万钱币为乐师赎身，当价钱抬到三千万钱币时，国王才同意。商人向乐师合十施礼时说："我用三千万钱币相赎，才得到你。"这位证悟了佛理的乐师听后，立即跳了起来，说："你只是在替自己赎身，不是赎我。为什么这样说呢？

国王的前世是一个卖葱的商贩，你买了他的葱后，欠了三个钱币。我当时作为保人，放任了你，你就没还这三个钱币。时至今日本钱加利息，正好三千万钱币。这是你应该偿还的原本欠的三个钱币。"作为卖主的国王听此因缘后也悔过了自己的行为，持受了佛教五戒，成了一个在家修行的佛教徒。

证悟佛理的法师说："欠债无论多少都不可不还，也不应放任别人不还。"

【辨析】

这是一篇出家修行和在家修行的佛教徒之间的对话。旨在提醒人们，凡有所欠，皆有所还。故事中的三个人物既是过去事情的当事人，也是今日事件的见证者。所不同的是每个人的身份和角色都发生了变化。

在过去，国王是卖葱的商贩，商人是买葱后欠钱的买主，和尚即乐师是放纵欠三个钱币不还的保人。这三个人中，当年吃了亏的商贩，业报在今生成了国王，尽管如此，他的商人习气依然故我，赎金从一千万钱到三千万钱，如此讨要价钱，就说明了这一点。欠了三个钱的买主，如今成了一位信奉佛教的商人，他为了当年所欠的三个钱币，现在必须付出三千万的代价。保人成了为国王服务的乐师。正是所谓"造化弄人，业力不失"。

这其中，只有一个人是清楚知道前世今生，以及故事前因后果的人，这就是出家当了佛弟子的乐师。以此为喻的构思，耐人寻味。当年的保人，意味着他是买卖双方都信任的人，也是维护社会公平正义的化身。今天出家修行的乐师，既为国王服务，也要为国王的客人商人服务。但他服务的目的十分明确，就是要适时点化已经皈依了佛教的商人，也告诫起了贪念的国王要惜缘知事，好自为之。最后，让悔过后的国王，也成了一位在家修行的佛教徒。这样，出家人是社会公正的见证者，是为一切人服务的奉献者,佛教是上至国王,下至百姓,都应当信奉的喻义,就水到渠成,自然而然地体现出来。也把世人皆浊我独清,化度一切有缘人的义理,传至天下。其立意构思之缜密,令人赞叹。

五

悔 过 喻

【题解】

本篇是以家庭生活为题材的比喻故事。所谓长兄为父，当一个家庭中父母都不在世的时候，身为兄嫂对于年幼的弟弟每天到佛寺去的行为不满意，在劝说无效的情况下，加以强力制止，也是情理中的事。后兄嫂在神通的作用和宿命的安排下，皈依佛门证悟得道的结局，也让人欣慰。

【经文】

佛在世，有小儿与兄嫂共居。儿日日至佛所，受经戒。兄嫂谏不止，后取儿牵抱之，以杖捶之，言："佛、比丘僧当救汝！"儿啼呼恐怖，自归三尊，则得须陀洹道[1]。

乘佛威神[2]，便与木抱缚相随，俱飞去。出壁入壁，出地入地，自在所为。兄嫂见之惶怖，叩头悔过。儿便为兄嫂说善恶之行，俱到佛所受戒。佛则为现，宿命[3]了本末[4]。兄嫂欢喜，心开垢除，得须陀洹道。

【注释】

〔1〕须陀洹道：须陀洹，梵文音译，意译为入流、预流。小乘佛教修证的四圣位中的正果初位，另外三种果位是斯陀含、阿那含、阿罗汉。

〔2〕威神：威，即威德，神，即神力、神通。意指佛有无法测知、不可思议的威德神通。

〔3〕宿命：指人都各有归宿，今生是前世的宿命。佛说世人在过去世都有生命，或为天，或为人，或为饿鬼与畜生，辗转轮回。

〔4〕本末：佛教认为，前生为本，今生为末。前世之因，成今世之果。

【译文】

悔过的比喻故事

佛陀在世时，有一个小孩与兄嫂共同生活。孩子每天都到佛陀那里，接受佛法与戒律。哥哥、嫂子劝说不了，就抓住孩子，用棍子打他，并说："看佛陀和那些出家的僧人来不来救你！"孩子十分恐惧，大声哭喊。后来他皈依佛、法、僧，断三结，即身见、疑、戒禁取三种烦恼，证得了道果。

孩子借助佛陀的神通，抱着一段木头，一起腾飞，出墙入壁，出入地上地下，自在随意。哥、嫂见了惊异惶恐，赶忙叩头悔过。孩子就此为哥、嫂解说行善或行恶之果报，并带他们到佛陀那里接受了佛教的戒律。佛陀给他们开示了前世因缘和今世果报。哥、嫂欢喜无比，心识洞开，妄有疑惑尽除，皆证脱离各种烦恼的道果。

【辨析】

这是一篇全家皈依佛教的比喻故事。其喻义在于告诉人们，在追寻佛教信仰的过程中，不仅会受到来自社会各个方面的质疑，也同样会受到来自亲人的误解和反对。但只要保持坚定的信念，不失时机地宣传佛教的义理和学说，就能劝善去恶，证得佛果。

本文明示，这个故事发生在佛陀在世的时候。因此我们可以看出，在佛教创教初期，佛陀高度重视佛教的传播。提倡学佛无老少，得道有先后。没有什么地位等级观念，倡导众生平等。这在当时，对存在着严格种姓等级制度的古代印度来说，无疑有着巨大的进步意义。

故事中的威德神通，不能简单地视为封建迷信的说教。"神通"是人的想象力的集中表现，代表了早期佛教积极的探索和追求精神，是人类试图超越自我、超越环境和自然束缚的理想状态，这对于开阔我们的视野、开发心智，仍有积极作用。佛教常讲的"六神通"，是指六种超人之力，即神境通（自由无碍，随心所欲现身的能力）、天眼通（见众生生死苦乐之相及世间种种形色）、天耳通（闻众生苦乐忧喜之言及世间之音）、他心通（知众生心中所思）、宿命通（知自身及众生万世宿命及所做之事）、漏尽通（断尽三界见思惑，不受三界生死）。此外，还有"十通"等说法，但佛教讲神通只是一种教化的手段，不是修持的目的。其实，所谓神通，在今天有些已经实现了，如"天耳通"，人们之间相隔万里之遥的相互联系，现在已是寻常之事了。

六

沙弥为龙作子喻

【题解】

小和尚因为好奇，随师父到了龙宫，被华丽的宫殿和装扮得妖冶无比的宫女所诱惑，和希望修成人身的龙王交换了位置。龙王转生成为人，小和尚命尽后转生为龙宫太子。由畜变人与由人变畜，孰优孰劣，一望而知。

【经文】

昔有罗汉与沙弥[1]，于山中行道。沙弥日日至道人家取饭。道经历堤基上行，崎岖危崄，常蹎[2]地覆饭，污泥土。沙弥取不污饭着师钵中，取污饭澡洗食之。如是非一日。

师曰："何因，澡弃饭味？"答曰："行乞去时晴，还雨，于堤基蹎地覆饭。"师默然禅思[3]之，知是龙娆沙弥，便起到堤上，持杖叩撽[4]之。龙化作老翁来，头面着地。沙门言："汝何因娆我沙弥乎？"答曰："不敢娆，实爱其容貌耳。"龙言："何以日见其行？"师曰："行乞饭。"龙言："从今日为始，愿日日于我室食，毕我寿命。"沙门默然受请，还语沙弥："汝往乞，止彼食，勿复持饭来。"沙弥日日于彼食。

后见师钵中有两三粒饭，香美非世间饭。问和上[5]曰："于天上饭乎？"师默不应。沙弥便伺师，知于何许饭，便入床下，持床足。和上坐禅定意，床相随俱飞到龙七宝殿[6]上。龙及妇、诸彩女[7]，俱为沙门作礼，复为沙弥作礼。师乃觉，呼出："正汝心勿动，此非常之像，何因污意。"

饭已，即将还，语之："彼虽有殿，舍七宝、妇人、彩女，故为畜生耳。汝为沙弥，虽未得道，必生忉利天[8]。胜彼百倍，勿以污意。"语沙弥言："此百味饭，入口即化成虾蟆，意恶吐唾，逆反已，乃却饭，不复入。二曰妇女端正无比，欲为夫妇礼，化成两蛇相交。三曰龙背有逆鳞，沙石生其中，痛乃达心胸。龙有此三苦，汝何因欲之。"

沙弥不应，遂昼夜思想，于彼不食，得病而死。魂神即生，为龙作子，威神致猛。其父命尽，得脱生人中。

师曰："人未得道，不可令见道及国王内也。"

【注释】

[1] 罗汉：梵语音译，为阿罗汉的简称。是为声闻四果之一，也是小乘佛教修行者所证悟的最高果位。沙弥：梵语音译，指在佛教中，已受十戒，还未受具足戒，年龄在二十岁以下的出家男子。同样，女子称沙弥尼。

[2] 躃（bì）：跌倒。

[3] 禅思：禅，意为静虑，思维修。禅思，禅定观想。

[4] 擞（sǒu）：抖擞，动词。此处指"捅"，意为捅开。

[5] 和上：即和尚。

[6] 七宝殿：用七种宝物装饰的宫殿。佛典中一般指金、银、琉璃、砗磲、玛瑙、琥珀、珊瑚为七宝，有不同说法。

[7] 彩女：装扮得香艳照人的宫廷女子。

[8] 忉利天：梵文音译，意为三十三天。欲界天中帝释天所

居的天界。其宫殿在须弥山顶，他与三十二个天臣，分居忉利天的三十三个天宫，故称三十三天。此天一昼夜，人间已百年。

【译文】

小和尚成为龙王太子的比喻故事

过去有一位证悟佛理的法师带着一个小和尚，在山中修行。小和尚天天要到别的出家修行者的家里取饭。途中要在堤坝上行走，堤坝崎岖危险，小和尚常跌倒把饭洒在地上，他就把干净的饭放到法师的钵中，弄脏的饭洗了自己吃。不止一日地做这样的事。

一天，法师看见了就问他："为何洗掉饭的味道？"小和尚回答："去的时候天晴，回的时候下雨，在堤坝滑倒把饭倒在了地上。"法师听后无语，观想后知道是龙在干扰小和尚。便起身来到堤坝上，用法杖敲打堤坝。龙化作一老翁出现，行致歉礼。法师说："你为何打扰我的弟子？"龙回答说："不敢打扰，实在是爱他的容貌。"龙问："为什么他每天都走过这里？"法师说："去乞食。"龙说："从今日开始，愿您每天在我家吃饭，直到我死。"法师默许了这一请求，回去对小和尚说："你以后乞食，就地吃完，不要再带饭回来。"小和尚以后每天都在外面吃饭。

后来小和尚见到法师钵中有剩下的两三粒米饭，清香美味好像不是人间饭食。就问法师："您在天上吃得饭吗？"法师默然不答。小和尚伺机观察，想知道法师在何处吃饭，他藏到法师床下，抓住床腿。法师坐禅入运思，人与床一起飞到龙宫七宝殿中。龙、夫人、天女先向法师行礼，再向小和尚行礼。法师才发觉，叫小和尚出来，说："端正你的心，不要动念。这不是平常的现象形态，不能产生妄念。"

饭后，即将回去时，法师对弟子说："龙虽然有宫殿、七宝、妇人、天女，但仍是畜生。你是出家修行者，虽然未得道，但将来必转生到忉利天宫，胜龙百倍。切勿产生妄念。"又说："一是这百味饭，龙吃到嘴里却变为蛤蟆，十分恶心，想把它吐出来，之后进食，再吃不下。二是天女美丽端庄，要行夫妇之事，会变为两条蛇交配。三是龙背上生有逆鳞，沙石生在鳞中，疼时钻心。龙有这三苦，你有何理由羡慕这样的生活？"

小和尚默不作声，回去后昼思夜想龙宫的生活，食不下咽，得病而死。他转生龙胎，做了龙王太子，威神勇猛。他的父亲龙王死后，得以脱去兽鳞转生为人。

法师说："人未得道时，不可让他看见天界和王宫内的生活。"

【辨析】

这篇比喻故事，读后发人深省。在佛教看来，每个人的福报都是有限的。但同时，也认为人的命运是自身前世今生造作的结果。从故事的结果来看，是一个天遂人愿，皆大欢喜的结局。小和尚得到了他梦寐以求的结果；龙实现了自己的心愿。法师在最后似乎不愿成人之美的感慨，反倒使人觉得是他作为佛教证悟者，出于对信仰的执著而形成的褊狭认识。

我们认为，法师最后的结语，并非是对人生命运的感慨，而是阐发了一个最普遍的道理：不去做不应该做的事。这既是最普通的道理，也是最难做到的事。

不应该让孩子做"少儿不宜"的事，可实际呢？不应酒驾，却屡禁不绝。不应在食品中添加违禁物品，我们却习以为常。不应吸毒，而令人叹息的事此起彼伏。生活中有太多太多的"不应该"，我们也看到了太多太多的悔恨。这究竟是为什么呢？这恰恰是本文的喻义所在。

这个貌似圆满结局的比喻故事揭示了一个主题，这就是"欲望"是造业的根源。在欲望的作用下,多少人欲引情牵,如鱼随钩,不能自拔。佛教的教义和一切修行实践,说到底就是要去妄归真,无我无欲,证得清澄境界。

七

国王女儿与乞儿喻

【题解】

这是一则国王女儿嫁给乞食者的比喻故事。从故事情节看，国王是一位知因缘者。他知人识世，当有一乞丐来乞食时，便将女儿嫁给他。女儿也自然而然地顺从，并自然随缘成为王后。

这一"自然"的选择，在佛家看来，是业报因缘。在道家看来，是自然顺天，是天意、是命运。所谓人法地，地法天，天法道，道法自然。自然顺意，就是道家认为的最高境界。早期汉译佛经以道家思想"格义"佛教义理，在此可见端倪。

【经文】

昔有国王、夫人生一女，父母名为月女[1]，端正无比。王与衣被、珍宝，辄言："自然也。"至年十六，王恚言："此是我与汝，何言自然？"

后有乞儿来丐。王言："此实汝夫。"月女言："诺，自然。"便追去。乞人惶怖，不敢取。女言："汝乞食，常不饱。王与汝妇，何为让？"便俱出城。

昼藏夜进，行到大国。国王时崩，无太子。夫妇于城外坐，出入行人问曰："何等人？汝何姓名？何国来？"答曰："自然。"如是十余日，时大臣使梵志八人于都城门，行人出入，以次相[2]之，唯有此夫妇应相耳。是时，举国群臣共奉迎之为王。

王夫妇以正法治国，人民安宁，诸小王来朝，月女父王在中。饮食已去，月女特留父王。月女以七宝作鱼机关帐，牵一鱼百二十鱼现；推一鱼，户则开。下为父作礼，白父："今已得自然。"曰："夫人行然，臣不及矣。"

师曰："月女与乞儿宿命夫妇，俱田作。令妇取饷，夫遥见妇与沙门相逢于岸水边，止，从乞妇食，则分饭上道人，道人止饭。夫遥见两人，不谓有恶，持杖往见。道人飞去。妇言：'卿分自在，勿恚。'夫言：'两分者，我与共食也。'"

师曰："夫有恶意，故堕贫家作子。后见道人欢喜，自悔责，故同受此福耳。"

【注释】

［1］月女：意为如月一般皎洁清澄，无论月圆月缺，都自然天成，十分美好。

［2］相：佛教名词，通常指事物的表象、特征、现象形态。佛教主张要舍去对这种表象的执著妄有。具体说就是要舍离三念（亦称三轮，即施者、受者、施物）。即"三轮空寂"或"三轮清净"。相，本处指面相。

【译文】

公主嫁给乞丐的比喻故事

从前，国王与夫人生下一个女儿，取名叫月女，公主长得无比端庄美丽。国王给她衣服和各种珍宝，她都说："这是自然的事。"到十六岁时,父王怨怒地说:"这都是我给的,你何以说自然得来的呢?"

后来,有一个乞丐来乞讨,国王说:"这就是你的丈夫。"公主说:"是的,自然的。"便追随乞丐而去。乞丐十分惶恐,不敢娶她。公主说:"你靠讨饭过活,常吃不饱。国王送你一妻,为何要推让?"就一起出了城。

他们昼伏夜行,来到了一个大国。恰巧这里国王驾崩,没有太子。这夫妇俩坐在城外,出入城里的行人问:"你们是什么人?叫什么名字?从哪个国家来?"他们回答说:"自然而来。"这样过了十多天,当时的大臣请了八位有成就的出家人在城门口,对出入的行人,逐一相面,唯有这对乞丐夫妇符合要求的面相。于是,举国臣民共同奉迎这位乞丐为国王。

国王夫妇颁布正确的法令治理国家,人民安居乐业,许多小国的国王都来朝拜,王后月女的父王也在其中。宴饮之后,王后特意留下父王。她用七宝制作了以鱼为特点暗藏机关的帐篷,牵动一条鱼后,就出现一百二十条鱼;推动一条鱼,宝帐的门就打开。王后向父王礼拜,对父王说:"现在我已得到自然了。"父王说:"夫人行自然之道,这是臣属国的我没做到的。"

证悟了佛理的法师说:"月女与乞丐前世本是一对夫妻,一起在田间劳作。丈夫让妻子回家取午饭。丈夫远远看见妻子在河岸遇到一位出家人,停了下来,出家人向妻子讨饭,妻子就分饭给他,出家人就吃了起来。丈夫看到这情景,也不问是否有恶意邪念,就执杖前去。出家人见状,凌空飞去。妻子对丈夫说:'你的饭在这,别生气。'丈夫说:'分成两份,我们一起吃吧。'"

证悟了佛理的法师说:"因丈夫曾有恶意,所以转生贫苦人家为子。后来看见出家修行者就喜欢,悔过自责,所以与妻子共同享受国王和王后的福报。"

【辨析】

这一则比喻故事情节曲折离奇,人物个性鲜明,给人以真实可感、具体生动的印象。

出生于王室的公主月女,性格自然天成,表现出落落大方、顺命无为,与人无争、与世无争,从容自在、淡漠世俗的大家风范。她当公主时,不以享受富贵而自以为是,骄纵霸道;嫁与乞丐时也顺从天意,毫无怨言。这样的人,在现实生活可能并不存在。如果故事就此结束,那么人们会觉得,这是一位头脑不清、没心没肺的"傻瓜"、"呆子"。但随着故事情节的发展,她在本自无为之中,又成为一位大国的王后,又自然而然地参与了国家法律和制度的建设,使得国富民安。在接受臣属国的朝拜时,她与父亲又相见了。从经文"特留"、送"宝帐"、"为父作礼",这一连串细节的描述中,不仅看出他对父亲的深情和尊敬爱戴,而且表现出她缜密的心机,过人的聪敏智慧。那用七宝制成的"鱼帐",设计上牵一而动百,给人留下无限的想象空间。这种"宝帐",无疑是身份、关系、财富的象征,于己、于父、于国都有百利。

更重要的是,在父女再次对话时,一句"今已得自然",把本文的主旨和盘托出,即佛法自然成,就在前世今生的言行举止中,既不假于外力,也不取决于权势地位。这种认识,在专制的封建社会,具有进步意义。父王的回答:"夫人行然,臣不及矣。"对女儿的治世方略不仅是一种烘托,也是作为一位父王的肯定。同时,也把父王了知前生,大度宽容,以及对女儿的笃爱一览无遗地展现出来。

至于乞丐的形象,则主要是通过心理描写完成的。他在当年务农时,对妻子施饭给出家人,表现出既有猜忌又显吝啬的心理。在后世因此而成为乞丐,当国王把女儿嫁给他时,又表现出惶恐和胆怯。可见他是一个小心谨慎、善良朴实,但又心胸狭隘的人，无论是为农、为丐，其心理特征都是始终一致的。

总之，故事中善待出家人，行善自然成的寓意，与道家"无为而治"的思想理论有异曲同工之妙。

八

醉人喻与狗听经喻

【题解】

这是一篇分述两个比喻故事的经典。前者说的是三个醉酒的出家人,见佛陀后的三种态度,对应了三种果报;后者以狗听经,后转生成为女出家人的故事,说明众生平等的喻理。

【经文】

昔佛从众比丘行,逢三醉人。一人走入草中逃。一人正坐博颊[1],言:"无状犯戒。"一人起舞,曰:"我亦不饮佛酒浆,亦何畏乎?"

佛谓阿难[2]:"草中逃人,弥勒作佛时[3],当得应真[4]度脱。正坐博颊人,过千佛[5],当于最后佛得应真度脱。起舞人,未央[6]得度也。"

昔有沙门,昼夜诵经。有狗伏床下,一心听经,不复念食。如是积年,命尽得人形,生舍卫国[7]中作女人。长大见沙门分卫便走,自持饭与,欢喜如是。后便追沙门去,作比丘尼,精进[8]得应真道也。

【注释】

[1] 博颊：自掌其嘴。博，通"搏"。

[2] 阿难：梵文音译，意译为庆喜，是佛陀堂弟，十大弟子之一。闻佛陀说法，博闻强记，誉为"多闻第一"。一切佛经，凡以"如是我闻"开头，皆为佛陀圆寂后，由阿难诵出，众僧确信无疑后所记录下来的。

[3] 弥勒作佛时：弥勒，梵文音译，意译为慈氏。弥勒出生于古印度波罗奈国婆罗门家，随佛陀出家，先行入灭。在兜率天内院与诸天演说佛法，佛陀灭度后五十六亿六千万年时，从兜率天宫下生人间。像佛陀一样在华林园龙华树下说法，化度无量众生，故称为"候补佛"。

弥勒菩萨为大乘佛教瑜伽行学派的创始人，也是唯识学的祖师。现存汉译佛典署名为弥勒菩萨者，有《瑜伽师地论》、《辩中边论颂》、《大乘庄严经论颂》、《金刚般若波罗蜜经论》等。

[4] 应真：即罗汉，又称阿罗汉、应供、不生等，罗汉皆佛陀弟子。他们受佛嘱咐，常住世间，受世人供养，为众生作福田之说。

[5] 千佛：谓过去、现在、未来皆有百、千、万佛出世。大乘佛教谓人人皆有佛性，皆可成佛。

[6] 未央：本处指无边无尽的岁月。

[7] 舍卫国：梵文音译，北印北憍萨罗国都城，佛陀在此地传教二十多年。

[8] 精进：即精勤勇进。佛教六度之一，意为六种到彼岸的方法，分别是：布施、持戒、忍辱、精进、禅定、智慧。

【译文】

弟子犯酒戒与狗听经的比喻故事

从前,佛陀和弟子们一同出行,迎面来了三个醉酒的出家人。这时一人溜到草丛中逃走,一人端坐在地打自己的嘴,说:"不该违律犯戒。"一人起舞,说:"我没饮佛的酒水琼浆,有什么好怕的?"

佛陀对阿难说:"从草丛中逃走的人,到弥勒成佛时,会证得罗汉果而解脱。端坐打自己嘴巴的人,经过漫长岁月,最终得罗汉果解脱。起舞胡说的人永不得度。"

从前,有一位出家人,日夜诵佛经。有一只狗卧在他的床下,一心听经,不再贪食。这样几年之后,狗死转生为人,在舍卫国生为女儿身。她长大后一看见出家人乞食就转身回家,拿饭给他们,每次都很高兴。后来她追随出家修行者,做了尼姑,精勤勇进地修行,证得罗汉果。

【辨析】

这两个比喻故事,读后都使人会心一笑。喝了酒的出家人,迎面碰上了佛祖,就好像逃课的小学生碰上班主任一样,实在是令人难堪,恨不得找个地缝钻进去。笔者当年也曾编过谎话,到街上看小人书,结果被班主任碰上,其尴尬的情景至今犹在眼前。当时我的这位小学班主任并没有说什么,只是问我看的什么书,我说:"三打白骨精。"他笑了一下,说:"写一篇读后感。"我这才如释重负般地"嗯"了一声,飞快地跑回去上课了。

这三位出家人,饮酒是犯了"重戒",依律如果不能得到僧人对其行为及悔过程度的认可,会被逐出佛门。因此,是不能马虎的。佛陀所言，实际上已经对这三位弟子分别作了处罚。

钻到草丛中溜走的，表示自知其错；一个没来得及跑的，就自掌其嘴，表明悔意；还有一个佯装醉态，口出戏言，说自己未喝佛酒，不仅无悔意，还进行狡辩。对前两个人，佛陀许以改过的机会，第三人就失去了在僧团待下去的理由。

从这个故事中，我们可以看出佛教在创教时期，佛陀对僧徒的持戒，要求是十分严格的，戒律的整肃，来不得半点含糊。

第二个关于狗听经的比喻故事，有十分深刻且复杂的喻义。它反映的是佛教史上一个长期争论不休的问题——"佛性论"。"狗子有佛性乎？"这个看似戏言的命题，也一直是教界和学界都颇有异议的公案。因为既然讲众生平等，人人都有佛性，也有六道轮回，善恶有报，那么人与狗是否能平等？狗是否有佛性的问题，当然也就会提出。现实中人与狗是不会完全平等的，现实的法律也只保护人吃狗，而不会去保护狗吃人。因为法律是人制定的，也是由人来实施的。所以说"狗子有佛性乎"这一命题，不仅是一个理论问题，还反映出现实和信仰的距离。如果把现实和信仰对立起来，不能彼此圆融的话，这类问题恐怕会永无休止地争论下去。

九

施比丘甘果与悟道喻

【题解】

这是由两个比喻故事构成的一篇佛经。第一个故事讲述了穷人供奉出家人一个甜果，得到的是五种果报：无病、端庄、长命、财富、智慧。

第二个故事运用了反向思维的方法，说的是一位尚不知佛理的出家人，因无法回答施主问题时，发出"苦哉"的叹息，却"因拙成巧"、"歪打正着"，使施主和自己双向受惠，同证佛理。这种反其意而领悟，是佛教的所谓"回向"加持，收到了戏剧性的效果。构思新颖，颇具特色。

【经文】

昔维卫佛[1]在世时，国中诸大姓，各各一时供佛及比丘众。时有一大姓，贫无以供佛者，白言："愿比丘众有欲得药者，某悉当给之。"时有一比丘，身体有疾，大姓以一甘果与之食，比丘得安隐除愈。大姓后寿尽，生天上，胜诸天有五事：一者身无病，二者端正，三者命长，四者得财富，五者智慧。如是九十一劫中，上为天，下生大姓家，不堕三恶道。乃至释迦文佛时，为四姓家[2]作子，名曰多宝。见佛欢喜，作沙门，精进得道，号为应真。

夫施，高行。沙门一踰波邪[3]，秽浊一国人矣。

昔有夫妇，俱持五戒，事沙门。有新学比丘不知经，至其门乞。夫妇请道人前坐，作饭食已毕。夫妇俱下地作礼言："少小事道人，未曾闻经，愿开解蔽阇不及。"[4]比丘低头，无以答，曰："苦哉苦[5]哉。"夫妇心意俱解，言："世间实苦。"应时俱得道迹。比丘见两人欢喜，亦得道迹也。

师曰："宿命累世，三人兄弟，愿学道迹。同行，故俱道证。"

【注释】

[1] 维卫佛：意为胜观，净观佛，为过去七佛的第一佛。

[2] 四姓家：古代印度的种姓制度。一是婆罗门，是僧侣、一切知识的垄断者和神的代言人；二是刹帝利，是王族，地位仅次于婆罗门；三是吠舍，是指从事农、工、商各业的自由人；四是首陀罗，地位最低贱，为奴隶。

[3] 波邪：指违反戒律。依律，比丘有二百五十戒，比丘尼有三百四十八戒。其中，比丘犯杀、盗、淫、大妄语四戒，叫做四波罗夷。犯者，要逐出僧团。

[4] 蔽阇：蔽即弊，指愚昧；阇通"暗"，指不懂得、不明白。

[5] 苦：佛教基本教义，三法印之一、四谛之一（见前注）。

【译文】

给出家人香果与悟道的比喻故事

从前，过去佛在世时，国家中各大家族的人都同时供奉佛及出家修行的僧人。当时有一个大家族的人，贫穷没有什么可以供奉佛的，他说："愿各位出家人想得到药物时，我会供奉给他们。"当时，有一位出家人，有病在身，这位大家族的穷人给了他一个甜果，吃后出家人病愈。穷人死后转生到天界，在五个方面胜过其他天人：一是身体不得病，二是相貌端正，三是寿命长，四是得到财富，五是智慧。就这样他在极其漫长的岁月中，在上则为天人，在下则转生到大家族，不堕入地狱、饿鬼、畜生三恶道。到佛陀出世时，转生到第四种姓家为子，名叫多宝。他见佛陀就欢喜，做了佛弟子后，精勤勇进，证得佛果，称为罗汉。

布施，是高尚的行为。若佛弟子一旦践踏了戒律，就会污染一个佛国人的性灵。

从前有一对夫妇，都持守五戒，供奉出家人。有位刚出家还不懂佛经的修行者，到他们家乞食。夫妇俩请出家人坐在上座，饭后。夫妇一起给出家人行礼后说："有一个小小的请求，我们没听过佛经，愿您开示，为我们解除愚昧和疑惑。"出家人低下头，无法回答，说："苦呀，苦呀。"夫妇俩一听，心里的疑惑一下化解，说："世间就是苦呀。"当即领悟了佛理。佛弟子见这两人欢喜，也从中悟得佛理。

证悟了佛理的法师说："这是命运的安排，前生他们三人是兄弟，都愿意学佛。同修共行，因此证得佛法。"

【辨析】

穷人，拿不出什么好东西供奉出家人，但只要有心，哪怕供僧的只是一个甜果，也可以得到天国的果报。这对一切善良而贫穷的人们来说，是一种巨大的心理慰藉。

有的人可能会说，佛教引导人们向出家人布施，可出家人并不劳动，这样下去，会影响社会的良性运行。其实这是不了解佛教而产生的误解。在古代印度，出家人大多都要经过修苦行的过程，而且要实行严格的戒律，这样的生活是极其艰苦的，因而，出家永远都只能是个别人的选择。试问，在现实生活中，有几个人能够完全节制欲望？食欲、色欲、财欲、名利欲，要摒弃所有的欲望。佛教的存在，向世人展现了一种战胜自我、超越自我的勇气和实践。中国佛教许多寺院和宗派都有"一日不作，一日不食"的传统。佛教提倡人们要节俭自律，反对浮华奢靡，具有积极意义。

还有的读者会很认真想，佛教对于供奉出家人的许诺，都是来生的事情，谁能证明人的来生呢？如本文供给出家人甘果的穷人，佛教所给出的对于未来的承诺，不也是在天界的"实际利益"吗？与其把希望寄托在来生，还不如把希望变成现实。我们认为，只有为未来奋斗的人，才会无私地奉献。而所谓现实的人，恐怕永远都把眼睛盯在实际的利益上。其实，人往往都是在希望中生存，只要有希望，就能支撑着人们努力前行。所谓"哀，莫大过于心死"，说的就是这个道理。心中是美好的，人生就是幸福的；心中是苦涩的，人生就是悲哀的。佛教的思想文化价值，恰恰就是对于人心的驾驭和把握上。

第二个故事，运用了"巧合"的方法，即所谓的"误打正着"。第一个由出家人所说出的"苦"，为无法回答的尴尬；然而说者无意，听者有心，理解成了佛教"人生是苦"的教义。读后使人哑然失笑，饶有机趣。

国王绕塔喻

【题解】

这个故事读来饶有兴味，国王以射猎比喻恶，以绕佛塔比喻善。他认为，作为一个国王，日常的行为应当表现出抑恶扬善的价值取向。这种认识在封建国家的统治者中是难能可贵的。事实上，能有这种认识的国王也是鲜见的。因为统治者总是认为自己的一切所为都是善的，不承认自己作恶。所谓王法，是王之法；所谓天理，是王之理。这在专制社会是天经地义的。

【经文】

昔有国王，出射猎还，过绕塔[1]为沙门作礼，群臣共笑之。王觉知，问群臣："有金在釜，釜沸中以手取可得不？"答曰："不可得。"王言："汝冷水投中，可得不？"臣白王："可得也。"王言："我行王事，射猎所作如汤沸。烧香、然灯、绕塔，如持冷水投沸汤中。夫作王，有善恶之行，何可但有恶无善乎？"

【注释】

[1] 绕塔：指从右旋绕佛塔，同"绕佛"，以示敬仰。

【译文】

国王绕塔礼佛的比喻故事

从前有一位国王,出去打猎回来,经过佛塔时绕塔表示对佛陀的敬仰,随行的大臣们都笑他。国王察觉到了这一点,问大臣:"有黄金在釜中,釜中的水在沸腾,用手取金,可以得到不?"大臣回答:"不可以得到。"国王说:"你把冷水倒进去,可以得到不?"大臣回答国王说:"可以得到。"国王说:"我做国王,打猎就像釜中沸腾的水,在寺院烧香、点长明灯、绕佛塔,就如把冷水倒入沸水中。作为国王,有善行也有恶行,怎么可以只有恶行而没有善行呢?"

【辨析】

这篇故事在构思上最突出的特点是喻中有喻,以喻证喻。这种喻理方式在佛教经典中是十分常见的。在一篇仅一百四十言的比喻经中,用喻中喻的方式表达出国王对于善与恶、政治和宗教之间关系的理解,则十分少见。

首先,国王在面对群臣对他绕佛塔之举,觉得迂腐可笑之时,用"沸釜取金"不得,比喻恶行;又以"冷水降沸",比喻行善礼佛。表现出他崇尚佛教,倡导慈悲向善。从这个故事中,我们可以看出佛教对当时统治者的思想影响,反映了佛教在国家政治文化生活中所起到的作用。

其次,以"绕塔礼佛"时"群臣窃笑"的无知,说明不知善恶、不懂佛理,在治理国家时是十分可笑的。实际上也是佛陀借国王之口,表明佛教所倡导的扬善去恶,有益于国家的安定。这从一个侧面反映了佛教对待政教关系的基本态度。这一点对于佛教的生存和发展来说十分重要。

佛教在长期的历史发展进程中，与各个时期的国家政权、社会政治必然产生直接或间接的联系，这是涉及佛教能否生存和传承发展的现实问题。历史上的政教关系也间接反映出社会的政治风貌，显示出政治的保守与开明、社会的动荡与安宁。政治直接关乎社稷和民生，宗教则影响和渗透到社会的价值取向和人的主体精神。在汉地，尽管从未有过完整政教合一的政权形式，但宗教的发展必须借助于政权的直接或间接的首肯，佛教也不能例外。退避山林泉边的庙宇和处于闹市的殿堂，都同样感受得到社会风云的变幻、时代脉搏的跳动，两者之间相互影响的格局从古至今，都未曾改变过。

十一

鬼与沙门喻

【题解】

鬼的故事和传说，在早期佛教的文献中为数不少，在比喻经典里也大量出现。但鬼除了吃人之外，似乎都比人有智慧，更通情达理。这个故事就是向人们昭示佛教的一个基本道理："为善让你上天堂，为恶让你下地狱。"这个连鬼都接受的道理，人又该如何选择呢？

【经文】

昔有沙门，行至他国。夜不得入城，于外草中坐。至夜，阅叉鬼来，持之："当啖汝。"沙门言："相离远。"鬼言："何以为远？"沙门言："汝害我，我当生忉利天上，汝当入地狱[1]中，是不为远也？"鬼则置辞谢，作礼而去。

【注释】

[1] 地狱：佛教名词，梵文意译，亦有"可厌"、"苦器"等译法。是六道轮回中的畜生、饿鬼、地狱三恶道之一。所谓地狱是指生存的环境为地下，暗无天日。地狱是佛教轮回学说的一

个组成部分，总括起来可以分为三类：

一、根本地狱，又分为重重竖立的八种：

1. 等活地狱，此处生灵互相折磨、残杀，凉风吹后，死而复活，重新遭受折磨。

2. 黑绳地狱，用黑色铁绳反复绞杀有罪之身。

3. 众合地狱，以各种野兽的残害和各种刑具相结合来折磨罪人。

4. 号叫地狱，逼迫罪身发出哀号悲叫之声。

5. 大叫地狱，相对前者受罪更甚，哀号声更大。

6. 炎热地狱，火随身起，烈火猛焰，令人酷热难耐。

7. 大热地狱，较前者受热更甚，大叫不止。

8. 无间地狱，罪恶深重者，受诸刑惩罚，一刻不停，苦难无边。除此而外，还有与此对应的"八寒地狱"，指反映在罪者身上的八种不同程度的苦寒状态。

二、近边地狱，有十六游增地狱，在八大地狱中各有十六个附加地狱。每一个大地狱，都有四门，每一门各有四处火、尸、臭、刃，共十六处。八大地狱，共计一百二十八处，为罪身游履时所增设，增加折磨，故曰近边地狱。

三、孤独地狱，在山间、旷野、树下等处，皆空无一切生灵，人若游魂。

【译文】

恶鬼和出家修行者的比喻故事

从前有一位出家修行者，来到别的国家。由于是夜间，城门关了不能进入，就在城外草丛中休息。到深夜，恶鬼来了，抓住他说："我要吃你。"出家修行者说："那我们相互离得更远。"恶鬼说:"为什么离得更远?"修行者说:"你害我,我就应当转生到天界,你就会下地狱,这不比现在离得更远?"鬼听了当下领悟,谢罪行礼后离去。

【辨析】

这个故事的喻义,题解中已明确。全篇情节虽然简单,但人鬼之间寥寥数语的对话,却把佛教的善恶观念非常形象地揭示出来。一个佛弟子,在生命受到威胁的危难时刻,没有像人们所想象的那样:或逃跑,或反抗,或求饶,反而用悲悯的语调告诉鬼,其恶行只能使他们之间的距离更加殊巨:"成全我上天堂,促成你下地狱。"出家人的这种慈悲心,使他绝处逢生。这也符合一般意义上的宗教逻辑,所谓"鬼知三生事",当知道自己伤害了出家人会下地狱后,因此谢罪而去,也就合乎情理。

看来鬼也是十分理性的,伤害出家人,是要遭厄运的,面对"百念善为先"的佛教徒,也要退避三舍。

十二

藏七宝喻

【题解】

这是在国王和一位精通佛教经、律、论三藏的学者之间展开的一场有关财富的对话。其结果是国王将财宝大施于天下。以此比喻佛教慈悲喜舍的义理符合世事人心，广被众生。

【经文】

昔有国王，令人呼知识[1]。知识言："谢王，适穿地作坑，欲藏七宝。"王闻大惊，令人复呼。知识白王："今适下宝着坑中。"王便复令呼。知识白王："今适下平地，平地已，便往。"

王问："汝何痴！藏七宝以语人耶？"知识言："属馔具甘美，欲饭佛及比丘僧，是为穿地作坑；斟布羹饭，是为下宝坑中；扫地、行澡水、羼经[2]，是为平地。"

白王："此宝五家[3]，不能辱也。"王言："善哉，善哉。汝不当早相告我？当早相告，我当数藏宝。"

王则开藏，大布施，饭佛及比丘僧。佛为说清净咒愿，即发道意矣。

【注释】

［1］知识：即"善知识"的简称。《入菩萨行论》云："真善知识者，深通大乘教，持菩萨胜律，虽逢命难缘，不舍菩萨戒。"善知识要通大乘教义、持菩萨戒。佛典对善知识还有不同的解释，但精通佛教经、律、论三藏，博学多闻，是其基本特征。

［2］羼（chàn）经：修习佛经。

［3］五家：指王、贼、火、水、恶子。佛教认为钱财是身外之物，为五家所共有，任何人都不可能独享。一是国王官吏巧取豪夺，二是盗匪掠夺，三是水漂，四是火烧，五是不肖子孙挥霍殆尽。

【译文】

藏七宝的比喻故事

从前有一个国王，让人请一位精通佛理的学者来。学者说："谢国王了，我正在掘地挖坑，要埋藏七宝。"国王听后大为吃惊，让人再请。学者回复国王说："我正把七宝埋入坑中。"国王又再次邀请。学者又回复国王："我正平地，平整好地面之后，就来。"

国王见到学者就说："你真是书呆子！藏宝还对别人说吗？"学者说："我正在准备佳肴，供奉佛陀与出家的僧人，这就如掘地挖坑；舀汤盛饭，这就如把宝放入坑中；扫地、备好洗澡水、修习佛经，这就如平整地面。"

学者对国王说："这些宝物是王、贼、水、火、恶子，都不能占有的。"国王说："好，太好了。你为何不早告诉我？应当早对我说，我也应当像你一样藏宝。"

国王随后开仓，行大布施于天下，施饭给佛陀以及出家修行的僧众。佛陀为国王讲佛理并祈福国泰民安，国王也产生了信奉佛教的心愿。

【辨析】

佛教对于世间财物，具有独特的认识。认为财富属于社会，反对个人占有超过生活所需的一切财产。财物对每个人来说，生不带来，死不带去。佛教有一个很形象的描述，当人生下来时，赤条条一个，双拳紧握；去时双手松开，撒手人寰，带不走一分一毫。不管你生前用什么方式聚敛的钱财，最终都不由自己支配。财物的分配和使用，也必须由他人来实现。因而，佛教以对财富的超脱态度，劝诫世人祛除对财富的"贪执"，知足少欲，散财布施，利益众生。

在佛教度脱人生苦难的六种方法即"六度"中，"布施"是第一种。布施的方式很多，财布施只是其中一种最基本最普遍的方式。此外，世间还有七种不需财物的善施，同样可以得到最大的善果，即眼施、和颜悦色施、话语施、身施、心施、坐卧施、房舍施。这七种布施不仅有关心人、爱护人、尊重人的深刻的内涵，而且真切细致，能够感怀人心，引导世人力行实践。

十三

持斋得报喻

【题解】

遵守佛教的戒律,要落实到日常的衣、食、住、行上。"吃斋念佛",是汉地佛教皈依者最主要的标志之一。本文所讲的就是吃斋的好处,及其所能得到的果报。

【经文】

昔有四姓,请佛饭。时有一人卖牛湩[1],大姓留止饭。教持斋戒[2],止听经。宾乃归,妇言:"我朝相待,未饭。"便强令夫饭,坏其斋意。虽尔,七生天上,七生世间。

师曰:"一日持斋,有六十万岁粮。复有五福:一曰少病,二曰身安隐,三曰少淫意,四曰少睡卧,五曰得生天上,常识宿命所行也。"

【注释】

[1] 牛湩(dòng):湩,乳汁。牛湩,牛奶。

[2] 斋戒:斋,佛教有二义:一过正午不食;二素食曰斋。斋戒,能持守斋法不违反,称为持斋或持斋戒。

【译文】

持斋戒得福报的喻理

在古代印度,有一户第四种姓首陀罗的人家,请佛陀用斋饭。这时,有一卖牛奶的人上门,这户人家的家长留他吃饭。这个人持守斋戒而不吃,只是留下听讲佛经。卖牛奶者回家后,妻子说:"我从早上就等你,还没吃饭。"就强迫丈夫吃饭,让他破戒。虽然如此,他还能七次转生为天人,七次转生为人。

证悟佛理的出家人说:"一日持斋戒,可得六十万年的口粮。"此外还会有五种福报:一少得疾病,二身体平安,三少淫意,四少睡卧,五能转生天上,而且能认识前世今生的因果。

【辨析】

食素是汉地佛教的重要戒律。在古天竺,佛陀在世时,托钵行乞,施家给什么就吃什么,并无挑食之说。过午不食,是主要的戒行。恒河两岸,气候炎热,过午人们就主要在家做事,不食是可以的,也可以起到节欲、少病的作用。所谓"温饱思淫欲"、"色以酒为媒",讲的就是这个道理。因此,戒酒、吃斋,都是佛教的重戒。

"管住自己的嘴",这并不是一件容易的事。正像人们常说的"病从口入"一样,许多疾病都是和吃有关,我们熟悉的"三高"即高血脂、高血压、高血糖的形成,就与饮食习惯密切相关。食素能够让人远离现代病的威胁。佛教为人们在选择生活方式时,提供了一种"长命养生"的思路。

佛教传入汉地后,寺院大都采用了"禅农并重,自食其力"的制度。改变了印度佛教"乞食"的传统方式,使中国佛教有了本质性的变化,为社会广泛接受。唐代百丈禅师主张"一日不作，一日不食"。他身体力行，每天讲经弘法、整修庙宇，从不间断。相传，弟子看他年迈体弱，帮他做了原本他自己要做的事，百丈禅师竟绝食一天。他以自己的行动感染和教化弟子，为中国佛教的健康发展做出了突出贡献。

十四

逢淫女喻与王后前缘喻

【题解】

这一篇由两个比喻故事组成。第一个讲的是一位出家人在路上与前世妻子相逢，破戒，佛陀让弟子取甘泉，以此喻出家人不净。破戒的出家人悔过，了结了前缘。第二个讲的是阿育王的王后和她前世的妹妹相逢，并承前世夙愿，同归佛道。两个故事，一个主题，即前世之因，成今日之果。

【经文】

佛及比丘众应请，有一沙门与一沙弥后来。道逢淫女人，牵沙门。沙门与之有欲，欲毕到饭家。佛呼沙弥："汝到须弥山[1]下取甘泉来。"沙弥已得道，便挑钵于前，叉手[2]追。须臾，得水来还。其师惭愧踧踖[3]，悔过自责，即得罗汉。此女人，宿命对也。逢对毕罪，乃得道矣。

昔阿育王[4]日饭千罗汉。后有来年少沙门与千道人俱入宫。年少沙门坐已，上下视王宫殿，复视正夫人不休。王有恚意。饭已，各自去。王留上座三人，问："此年少从何来？姓名为何？师事何人？此非沙门，何因将入宫，占相正夫人眼不转休？"答曰："此沙门从天竺[5]来，师名某乙，姓某，名某。有慧明，达经，故来。以视坐起宫殿，复上视忉利天，适等无异念。王前世以把沙着佛钵中，巍巍乃尔。今复日饭千罗汉，其福无量也。所以视正夫人者，万六千人之上，端正无比；却后七日，寿尽当入地狱。世间无常，用是故视之耳。"

王惶怖，呼夫人，自归三道人。道人言："王虽日饭吾等千人，千人不能释解夫人意。故当得年少沙门为说经，可疾见谛道。"王使请道人。道人还，王与夫人俱头面着地，愿归命，令重罪得微轻。道人则为夫人说宿命所可经见者，为现法要。应时欢喜，衣毛竖立，则得须陀洹也。夫人本五百世为道人姊，宿共誓：先得道，当相度。

师曰："人无宿命，终不从解，亦不相见，语言终不入意。人各有本师也。"

【注释】

[1] 须弥山：佛教认为宇宙由三千大千世界所构成，而须弥山即一世界中央的高山。以此山为中心，周围有八山、八海环绕，而形成一个世界。

[2] 叉手：即合十，佛教礼节，表示皈依佛陀。

[3] 踧踖（cùjí）：恭敬而不安的样子。

[4] 阿育王：印度孔雀王朝第三代国王，约在公元前三世纪中叶，他使孔雀王朝成为印度历史上第一个统一的大帝国。他初奉婆罗门教，杀戮无数，后信佛教，成为大护法王，建八万四千寺，八万四千宝塔。他把功绩和律法刻在岩壁及石柱上，即著名的阿育王摩崖和石柱。

[5] 天竺：古印度，又称五印、五竺。

【译文】

出家人与淫女、王后与僧人的比喻故事

佛陀和弟子们应邀讲经用斋,有一位出家修行者和他的小徒弟随后而来。这两人在路上遇到一个淫荡的女子,留住了出家人。出家人与她有了淫欲之事,随后到施斋人家。佛陀对小徒弟说:"你到须弥山下取清冽的甘泉来。"小徒弟证得佛理,便将钵置胸前,合十行礼而去。很快就把水取了回来。而他的师父出家修行者惭愧难安,悔过自责不已并证得罗汉果位。淫荡的女子前世命中已定是这位出家人的妻子。遇到妻子了结这罪业,才证得佛果。

过去统一了五竺的阿育王,每日施饭给一千个证悟了佛理的得道高僧。后来一位年轻的佛弟子与一千位得道高僧一起入宫。年轻的佛弟子入座后,上下环视王宫殿堂,两眼一直盯着王后。阿育王对此心有不快。饭后,大家各自离去。国王留下德高望重的三位高僧,问:"这个年轻人从何处来?姓什名谁?拜何人为师?他不是出家人,为何带他入宫?又为什么目不转睛地盯着王后看?"高僧回答:"这个佛弟子从天竺来,师出有名,法号有序。因有智慧明了因缘,并通晓佛经,所以带他入宫。他环视宫殿,再往上看天界,这并无杂念。国王您前世曾经把沙土放到佛陀的钵中,堆得很高。现在悔过了,每天施饭给一千个高僧,福德无量。年轻的佛弟子之所以直视王后,是因为王后在一万六千人之上,美丽端庄,高贵无比。但七日后,她的寿命将尽且会堕入地狱。世事无常,因此他才直视王后。"

国王听后惶恐不已,叫王后从此皈依三位高僧。高僧说:"国王虽每天施斋饭给我们千人,但这一千人都不能开释解脱王

后的归宿。因此应该请年轻的佛弟子为王后讲经,这样能让她顿悟佛理。"国王立即派人请来年轻的佛弟子。佛弟子来后,国王与王后一起向他五体投地行佛礼,愿皈依佛门,以使前世重罪业缘得以解脱。佛弟子给王后开示前世所造作的因缘,为王后现身说佛法要义。王后当时闻法欢喜,毛发耸立,当下证得佛果。这是由于王后五百年前是佛弟子的姐姐,曾共同发誓:先证得佛果的一定要度脱后者。

证悟者说:"人无前缘,终究不能相继解脱,也不能相见,说法终究不能入理契机。人各有本自师法的因缘。"

【辨析】

这两个故事都是围绕着前世因缘而展开的。

第一个故事篇幅虽短,喻义深刻。他告诫出家修行者,尽管人已皈依佛门,一心向善,并无恶念。但前世所造业缘未了,仍不能证悟佛理。了结前缘,才能彻悟,达到度人度己,脱离苦海劫波的境界。了因果,知善恶,生惭愧心,方成正果。

本篇刻画的四个人物形象,都各有特色。佛陀对一切都心知肚明,却并不说破;假之以小弟子神通,以取甘泉暗喻为师的出家人不洁;为师的出家人与前世之妻相逢,了结了前世的情缘,因心生惭愧,而证菩提果;淫女由此得遇前缘,同成道果。可谓皆大欢喜,功德圆满。

这篇故事充满着浓郁的人情味。佛门的宽容和理解之心,以及教化方式,给人以佛以心印,无须言传的感受。

第二个比喻故事的喻理是在结尾点明的,颇显禅机。这里将人的现在和前世的愿力结合起来,对于一般的读者来说,是不可理解的"痴迷",因为它无法证实;对佛教信仰者来说,有了对义理的"正信",就变得合情合理,中道圆融了。

此篇在人物描述上也不乏过人之处。对年少佛弟子的刻画,采用了烘托的表现手法。在一千位高僧中,托出三位"上座",又以"上座"之口推出少年高才。由"千"托"三",由"三"显"一",逐步渡渠过道,引入义旨深潭。而对年轻的佛弟子,这位关键人物却未置一词,他的所想所言,也是通过间接方式表达的。对于他的直接描写,虽只有一个"视"字,却尽得风采,直令阿育王和王后五体投地,皈依佛法。读后,这一别具风采的人物形象给人留下鲜明深刻的印象。

十五

悭贪为天帝所化喻

【题解】

"天帝"原是古代印度宗教中的一位天神。佛教产生后逐渐演化为佛教的护法神。这篇比喻故事讲述的是"天帝"借用神通，代佛教化世间那些富裕而吝啬，不肯布施者的经历。其喻义在于，佛陀的教义感天动地，连天神也来相助，并成为佛弟子；其喻理是"财富无脚走千家"，从来就不为个人所有，早施早得报，不施终散尽。

【经文】

昔有四姓，名伊利沙。富无央数，悭贪不肯好衣食。时有贫老公，与相近居，日日饮食，鱼肉自恣，宾客不绝。四姓自念：我财无数，反不如此老公。便杀一鸡，炊一升白米，着车上，到无人处下车。适欲饭，天帝释[1]化作犬来，上下视之。诘谓狗言："汝若不能倒悬空中，我当与汝不？"狗便倒悬空中。四姓意大恐，何图有此？曰："汝眼脱着地，我当与汝不？"狗两眼则脱落地，四姓便徙去。

天帝化作四姓身体、语言，乘车来还，敕外人："有诈称四姓，驱逐捶之。"四姓晚还，门人骂詈[2]令去。天帝尽取财物，大布施。四姓亦不得归，财物尽，为之发狂。

天帝化作一人，问："汝何以愁？"曰："我财物了尽。"天帝言："夫有宝令人多忧。五家卒至，无期积财；不食不施，死为饿鬼，恒乏衣食；若脱为人，常堕下贱。汝不觉无常，富且悭，贪不食，欲何望乎？"天帝为说四谛、苦、空、非身。四姓意解欢喜，天帝则去。四姓得归，自悔前意，施给尽心，得道迹也。

【注释】

[1] 天帝释：忉利天之主，简称天帝。佛教称为帝释天。原为摩伽陀国婆罗门，由于布施造福德，遂生忉利天，且成为三十三天之天主。为佛教护法神。

[2] 詈（lì）：责骂。

【译文】

帝释天教化吝啬者的比喻故事

从前有位第四种姓首陀罗人，名叫伊利沙。他财富无数，但吝啬且贪婪，不肯穿好的衣服、吃好的饭食。当时有位贫穷的老者，与他为邻，每天都吃肉烹鱼，宾客不绝。这位首陀罗种姓的人心想：我财产无数，反而不如这老翁。于是就杀了一只鸡，煮了一升白米饭，放到车上，到无人处下车。正准备吃饭，帝释天变成一条狗来到他面前，上下看着他。伊利沙对狗说："你若不能倒悬空中，我能给你吃的吗？"话一说完，狗就倒悬在空中。伊利沙很惊恐，心想怎么会这样？又说："你的眼睛不脱落到地上，我能给你吃吗？"狗的两只眼睛当即就脱落在地，伊利沙慌忙弃车而去。

天帝化作伊利沙的身体，学着他的话，乘着他的车返回，吩咐门外的佣人："如果有冒充我的，棍棒驱逐。"到晚上伊利沙才回来，看门的人骂着赶他走。天帝把他的财富都布施给了大家。伊利沙有家不能归，财物都被散尽，为此急得发狂。

天帝变成一个人，问伊利沙："你为何发愁？"回答："我的财物全没了。"天帝说："拥有财宝会令人愁苦。国王、盗贼、水灾、火灾、不肖子孙，这五种灾祸来临时，就无法积累财富了；自己不吃也不布施，死后成为饿鬼，永远缺衣少食；如脱生为人，也沦为贱民。你不觉悟，没有认识到世事无常，富有而吝啬，贪得又不食，你所期望的是什么？"天帝就为他解释四谛（苦、集、灭、道）、人生是苦、本自于空、一切无我的佛理。伊利沙领悟其理，心生欢喜，天帝这才离去。伊利沙回去后，对自己以前的行为懊悔不已，尽心竭力布施于人，终于证得佛法。

【辨析】

借助天神之力，弘扬佛法，是佛教的教化方式之一。这篇比喻故事用天帝变狗、化身、变人这三个情节，对伊利沙这位富有而吝啬的人进行了异事提示、代人布施、当面传法三种方式的教化。本篇还暗喻着富而不施，神鬼不容的思想。在当时的社会，这种思想具有进步意义。佛陀所处的时代，是社会剧烈分化和动荡的历史时期。农业、手工业、商业的不断进步和繁荣，在恒河两岸产生了许多城市国家。婆罗门神权的地位开始动摇。王权的力量日渐增强，各种思想学说应运而生，佛教就是在这种情况下不断发展起来的。佛教反对社会财富被少数人占有，强调社会公平、人人平等，反对传统的种姓制度，这些都代表着当时社会的进步主张，受到了民众的拥护。

值得我们注意的是，这篇故事中，将财富最终散尽的原因，归结到国王、盗贼、水灾、火灾、不肖子孙这五种灾祸，这里既有天灾也有人祸。可见，佛教在这一时期，对人生苦难产生的原因，已经从生、老、病、死这些自然因素的分析上升到社会分析的高度。关注到官吏、盗贼、不肖子孙等诸多社会因素，这就在教义上更加成熟，使佛教发展的社会基础更加广泛。

十六

妻与人私通释怀喻

【题解】

一对是所谓"天作之合"的金童玉女配成的夫妻,一对是容貌俊美的国王和王后。这两对被世人羡慕的夫妻,而事实上,两位却妻子瞒着丈夫,与情人私通。这个故事比喻在欲望的驱使下,在娑婆世界中,是难以有"纯真"爱情的。只有摆脱情欲的束缚,才能证悟佛理。

【经文】

昔有大姓家子,端正。以金作女像,语父母:"有女如此者,乃当娶也。"时他国有女人,亦端正。亦以金作男像,白父母:"有人如此,乃当嫁之耳。"父母各闻有是,便远聘,合此二人为夫妇。

时国王举镜自照,谓群臣:"天下人颜容宁有如我不?"答曰:"臣闻彼国有男子,端正无比。"则遣使请之。使者至,以王告之:"王欲见。"贤者则严车[1]进。去已,自念:王以我明达,故来相呼。则还取书籍之要术,而见妇与客为奸,怅然怀感,为之结气,颜色衰耗,惟怪更丑。臣见其如此人,行道辇轲,颜色痟瘦[2]。便断马厩，以安措之。夜于厩中，见王正夫人出，与马下人通，心乃自悟：王夫人当如此，何况我妇乎。意解，颜色如故，则与王相见。

王曰："何因止外三日？"答曰："臣来相迎，我有所忘，道还归取之，而见妇与客为奸。意忿，为之惨怒，颜色衰变，住厩中三日。昨于厩见正夫人来，与养马儿私通。夫人乃尔，何况余乎？意解，颜色复故。"王言："我妇尚尔，何况凡女人。"

两人俱便入山，除须发，作沙门，思惟女人不可与从事。精进不懈，俱得辟支佛[3]道也。

【注释】

[1] 严车：准备好车马。

[2] 辚轲（kǎnkě）：道路坎坷，鞍马劳顿。痟（xiāo）：头痛。亦通"消"。

[3] 辟支佛：梵文音译。意译作缘觉、独觉。指能从因缘际会中无师自悟佛果者。小乘佛教是以自求解脱为目标，故有声闻、缘觉之道。其最高果位为阿罗汉果及辟支佛果。声闻乘修四谛，成须陀洹、斯陀含、阿那含、阿罗汉四果；缘觉乘修十二因缘，重在悟证，悟证辟支佛果。而大乘佛教行自利、利他的菩萨道，认为人人皆可证悟佛果。

【译文】

参悟了男女情欲的比喻故事

从前有一个大户人家的儿子，容貌端正。他用黄金造了一尊美女像，对父母说："有这样的女子，我就娶她。"当时另一个国家有个女子，容貌也很端庄，她也用黄金造了一尊男子像，对父母说："有这样的人，我就嫁给他。"这两个人的父母都听说了这样的事，便远去聘娶，撮合了这二人结为夫妻。

一天，国王拿镜子照着自己，对大臣们说："天下还有比得上我容貌的吗？"一位大臣回答："臣闻有一国家的一位男子，相貌端正无比。"于是国王就派使者请他来。使者去后，把国王的话告诉男子，说："国王要见你。"贤良的男子就准备好车马上路。路上他想：国王因我明理通达，所以请我。于是就返回家中去取相关的书籍，却正巧见到妻子与人通奸。他怅然感怀，胸中郁结，面容枯槁，表情怪异，十分丑陋。使臣见他这样，以为他在路上鞍马劳顿，才使容颜憔悴，身体消瘦。就在马厩做了一个隔断，把他先安置于此。夜间，他在马厩中看见王后出来，与养马人私通。心中省悟：王后都如此，何况我的妻子？胸中的郁结一下解开了，容颜又如先前，就和国王相见。

国王问："为何在外住了三日？"他回答："您派使臣迎接我，途中我回去取忘带的东西，却看见妻子与客人通奸。心中气忿，因为愤懑，容颜衰老变异，住在马厩里三天。昨晚在马厩看见王后来了，与养马人私通。心想王后尚且如此，何况我呢？心里的郁结解开了，容颜又恢复了。"国王说："我的妻子尚且如此，何况一般的女人？"

于是两人一起到山中，剃须落发，出家做了修行者。他们认真思考后，认为对女人不可轻信。从而精进不懈，证悟佛果。

【辨析】

男欢女爱，人之常情。这里却对人们期许的美满婚姻，进行了彻底的嘲弄。英俊男子造金身以娶，女子欣然以嫁的故事，运用了"巧合"的手法。它表现的不是一段令人向往的美好爱情，而是揭示了婚姻后面的背叛。把在欲望支配下的男女苟合，充分地暴露在读者的面前。这种悲剧，恰恰反映出佛教对生活本质的深刻认识。

一般的家庭如此,那么,一位俊美的国王和一位有着"国母"之仪的王后的家庭又怎样呢?马厩里的通奸,告诉我们:在威权、美满、高贵的皇室里,更是充满了邪恶和奸情。这篇比喻故事的成功之处,就在于它撕下了所谓高尚婚姻的脉脉温情,展示出在一切欲望和利益驱动下的丑恶。"男女金身"的闪光外表,比喻男女期许的虚伪;国王用镜子照自己,比喻美好家庭背后的龌龊;王后与养马人的偷情,比喻高贵和低贱,其欲望如出一辙。

这个故事中的人物,从"大姓家子"开始,一连用了三个"巧合"带出其他几个人物,构成了故事发展的线索。情节起伏的每一次"巧合",都暗喻着佛教对世俗家庭生活的否定和批判。

"金身相许"的巧合,成就的不是一段"有缘千里来相会"的婚姻佳话,而是金色光环下的"奸情";"途中返家"的巧合,遇见的不仅仅是妻子的"偷情",更是昭示了主人公对爱情理想的破灭;"马厩遇人"的巧合,则揭露了高贵外表下的丑恶。这是佛教针对家庭和婚姻阴暗面的一篇檄文,尽管它所揭示的不是真理,但却是生活中屡见不鲜的"真实"。

其结论"女人不可与从事",毫无疑问是不公正的,似乎"私通"只是女人的过错。人们都清楚,如果要谴责的话,更应该是她的"另一半"。

"除须发,作沙门",是国王与美男子的出路,做到这一点并不是简单的事。可以说是佛教挑战人类欲望的实践,是人以主观战胜客观,用信仰代替欲望的典范。

十七

前世因缘女喻

【题解】

这是一篇讲"因缘本是前世定,一切皆在宿业中"的比喻故事。这种认识符合古代印度社会的宗教文化传统,带有婆罗门教,一切来自宿命的观念。这种观念有利于保护婆罗门教永远的、至高无上的神权。早期佛教也沿用了这种思想,但它是在颠覆了婆罗门神权基础上的,并借此来宣扬佛教的轮回果报学说。

【经文】

昔有妇人,生一女,端正无比。年三岁,国王取视。呼道人相,后中夫人不。道人言:"此女人有夫,王必后之。""我当牢藏之。"便呼鹄来:"汝所处,在何所?"白王:"我止大山半,有树,人及畜兽所不得历;下有回复水[1],船所不行。"王言:"以此女寄汝养。"便撮持去。日日从王取饭与女,如是久。

后,上有一聚[2],卒为水所漂去。有一树正倚,追水下流。有一男子得抱持树,堕回水中,不得去。回满树踊出,住倚山。男子得上鹄树,与女通,女便藏之。

鹄日举女称之。已,更子身;未者,轻也。鹄觉女重,左右求，得男子，举弃之。往如事白王。王曰："道人，工相人也。"

师曰："人有宿命对，非力所能制也。逢对则相可，诸畜生亦如是也。"

【注释】

［1］回复水：漩涡、暗流。

［2］聚：聚处，村子。

【译文】

女子前世因缘的比喻故事

从前有位妇女，生了一个女儿，相貌端正无比。三岁那年，被国王召见。并请命理师给她相面，问以后能否做王后。命理师说："这女子有丈夫，国王只能在她丈夫之后娶她。"国王心想："我要把她藏好。"便叫天鹅来问："你的住所在何处？"天鹅对国王说："我住在大山的半山腰，有一棵树，人和家畜、野兽都到不了；下边是漩涡暗流，船也不能通行。"国王说："这女孩就寄养在你那里。"天鹅便护持她而去，每天从国王那里取饭给女孩，这样过了很久。

后来，上游有一个村子，全被水冲走。有一棵树被拔起，顺水而下。有一位男子抱住树，落入漩涡中，不能逃生。后来漩涡把树甩了出去，连人带树挂在山腰。男子得以上到天鹅住的树上，与女子私通，女子便把他藏了起来。

天鹅每天都举起女子称体重。不久，女子有了身孕；未孕时，体轻。天鹅察觉到女子身体越来越重，就左右寻找，发现了男子，就把他们一同抛弃了。天鹅把这件事如实告诉了国王。国王说："命理师真是精通相术的人。"

证悟者说："人有宿命的配偶，这不是人力所能制约的。与配偶相逢则以身相许，连畜生也同样如此。"

【辨析】

一男一女的相会、一男一女的结合，既是世界上最简单的事，又是最复杂的事，从来就没有固定的模式，也没有一样的体验；因此，世上没有一样的婚姻，正如世上没有相同的两片叶。

对于婚姻和家庭，佛家的因缘说似乎最具说服力。所谓"有缘千里来相会，无缘对面不相逢"。佛教认为，现实的一切都是因缘和合的结果。"因"可以理解为主观因素，"缘"可以视为客观因素。在这个故事中，主因包括两个方面：一是死里逃生的男子，劫后余生的他，更加珍惜生命，更善于把握机遇；二是长年与天鹅相伴的女子，孤独寂寞，无人共语，渴望与人交流、倾诉。助缘主要有两个条件：

其一，被洪水甩到半山腰的男子，他进退失据，毫无选择，要想活命，只能依靠女子。女子就是他的一切，他理所当然地拥有了。

其二，住在山腰上的女子。她记忆中所见过的唯一清晰的人，就是男子。他既是唯一的，也是最美的。男子的出现，就像"上帝的礼物"一样。出于自然和人性的本能，她不仅顺其自然地接受了，而且按照佛教的说法，在欲望的驱使下，她把心爱的男子藏了起来。

这就是主客观条件同时具备，种子在田间，终因各种条件的成熟，生根发芽了。也就是"因缘际会"，"天作之合"。文中的结论是"人有宿命对"，我们也可以理解为主客观条件决定了一切本该发生或不该发生的事。

故事中描写的国王，他巧用心机，早就安排好了一切，然而最终人算不如天算。"天鹅"这一拟人化的形象也不无生动之处，它忠于职守，尽心尽责，但智者千虑，必有一失。在生活中，尽人事，听天命，坦然面对现实，则是明智之举。

全文构思既奇特新颖，又显得顺理成章，给人留下深刻印象。

十八

女子有情喻

【题解】

这是一篇极具想象力的比喻故事，太子从旁观者的视角，在对女性进行观察后，得出了自己的认识，这就是人皆"多欲"，连王后也不能脱俗。从中可以看出，女性的心理、生理机制更为细腻、复杂，女性证悟佛理所付出的努力会更大。

【经文】

昔有国王，持妇女急。正夫人谓太子："我为汝母，生不见国中，欲一出。汝可白王。"如是至三，太子白王，王则听。太子自为御车出。群臣于道路奉迎为拜。夫人出其手开帐，令人得见之。太子见女人而如是，便诈腹痛而还。夫人言："我无相[1]甚矣！"太子自念：我母当如此，何况余乎。夜便委国去，入山中游观。

时道边有树，下有好泉水。太子上树，逢见梵志独行，来入水池。浴出饭食，作术，吐出一壶。壶中有女人，与于屏处作家室，梵志遂得卧。女人则复作术。吐出一壶。壶中有年少男子，复与共卧。已便吞壶。须臾，梵志起，复内妇着壶中，吞之已，作杖而去。

太子归国，白王，请道人及诸臣下。持作三人食，着一边。梵志既至，言："我独自耳。"太子曰："道人当出妇共食。"道人不得止，出妇。太子谓妇："当出男子共食。"如是至三，不得止，出男子共食。已，便去。王问太子："汝何因知之？"答曰："我母欲观国中，我为御车。母出手令人见之。我念女人能多欲，便诈腹痛还。入山，见是道人，藏妇腹中，当有奸。如是女人，奸不可绝。愿大王赦宫中，自在行来。"王则赦后宫中，其欲行者，从志也。

师曰："天下不可信，女人也。"

【注释】

［1］相：佛教名词。通常有两种含义：一是身体的特征、外部形态。二是肉体的形骸。认为"相"只是各种因缘的和合，缘灭则相灭。

【译文】

女子多情的比喻故事

从前有位国王，对女人看管得很严。王后对太子说："我是你母亲，从来没见过城里的景象，想看一看。你可以告诉国王。"在她再三请求下，太子告诉了国王，国王就答应了。太子亲自为王后驾车出行，大臣们在路边恭迎礼拜。王后用手撩开车帐，让人们能看见她。太子看见母亲的这种行为，谎称腹痛要回宫。王后说："这让我太没脸面了！"太子心想：我母亲都如此，何况其他的人。他夜里悄悄离开了国都，到山中游历观想。

那时，在山中路旁的树下，有甘甜的泉水。太子爬上树，看见一位修苦行的人,来到池边。洗浴、吃饭,然后施法术。从嘴里吐出一壶,壶中有一个女人,出来与修苦行的人用树枝搭成一个家,修苦行者与女人同居,等他睡着后,女人也同样施法术,从嘴里又吐出一壶,壶中有位青年男子,出来与她共寝。过后,女人吞下壶。接着,修苦行的人起来,把女子放进壶中,将壶吞下,持手杖而去。

太子回国都后,把见到的告诉国王,国王就请那位修苦行的人以及各位大臣用膳。太子端来三个人的饭,放在一边。修苦行的人到了后,说:"我只独自一人。"太子说:"你应当让那女子出来一起吃。"修行者迫不得已,只好让女子出来。太子对女子说:"应该让男子出来一起吃。"这样几次三番,迫不得已,女子吐出男子,一起来吃。用过膳后,他们就走了。国王问太子:"你是如何知道的?"太子回答:"我母亲想看城里的景象,我为她驾车。母亲伸出手撩开车帐让人看。我想,女人欲望太多,就谎称腹痛回来。到山里后,见到修苦行的人,藏女子于腹中,与她有奸情。像这样的女人,奸情就不可断绝。愿大王赦免宫女,让她们自行离去。"国王听后下令,宫女愿走的,随她们的愿。

证悟者说:"天下不可信的,就是女人。"

【辨析】

早期佛教对于女子能否出家修行、证悟佛理是没有定论的。在印度古代宗教传统中,也缺乏对于女性出家修行的记载。但从这篇比喻故事中,我们可以看出对女性的关注。其中对女子心理特征的探索,已经涉及了佛教的基本教义。佛教对于"五蕴"和合之身,产生"五欲",从而烦恼生心,连绵不绝的认识,促使佛教的修行者们,通过戒、定、慧三学,去妄归真,证得清澄。为了实现这个目标,他们通过如实观察人生,在实践中证实了一个普遍规律:这就是女性的心识比男子更细致,更具感性特征。

或者说，女子的情感世界更加丰富。

这种特点，对于佛教来说，意味着巨大的挑战，充满了许多的未知。因为既然倡导人人平等，众生平等，要度众生脱离苦海劫波，到达彼岸的寂静涅槃。对于占人类一半的女性，如果不能承诺证得佛果，那无疑就等于宣告佛教的失败。相传，最早向佛陀提出接受女弟子的，就是十大弟子中的阿难。

我们知道，出家修行就是一种用理性战胜感性，用信仰代替现实的宗教实践活动。因此，对于感知更敏感、情感更细密的女子来说，成为一位佛弟子，其心路历程就会更曲折、更漫长。在这个故事的结论中，对于女性的评价，恰恰反映出早期佛教对女性的教化，在理论上还不够完整，还缺乏真正的自信。这一问题，在大乘佛教时期，才得到较好的解决。事实上，男性对女性的控制欲、占有欲，也是私有制社会形成的标志。

故事的构思，充满了想象力。有了神通的出家人，可以忍受孤独、清苦，但仍然渴望女人的温柔。而被这位出家人控制的"壶中女"，在自己的世界里又如法炮制了自身情感和欲望的寄托：一位年少的"壶中男"。这种神奇的想象，令人拍案叫绝。另外，故事中的所谓正人君子的"王子"，给人以生涩、刻薄的印象。唯一使人感到一点宽慰的，就是他劝父王，大赦宫女，才为这个人物增添了风采。

十九

善 学 喻

【题解】

反观内照，如实反映现实，是佛教教义的基础。观想、分析和推理，是佛教的逻辑方法。故事讲述了一位师从高僧的学子，通过观察，得出了正确的判断和结论。以此喻指参悟佛理，要从修心开始。

【经文】

昔有二人，从师学道，俱去到他国。于道路见象迹，一人言："此母象，怀雌子，象一目盲。象上有一妇人，怀女儿。"一人言："尔何知？"曰："以意思知也。汝不信者，前到当见之。"二人俱及象，悉如所言。至后，象与人俱生如是。

一自念：我与俱从师学，我独不见要。后还白师："我二人俱行，此人见一象迹，别若干要，而我不解。愿师重开讲我，不偏颇也。"师乃呼一人问："何因知此？"答曰："是师所常道者也。我见象小便地，知是雌象。见其右足践地深，知怀雌也。见道边右面草不动，知右目盲。见象所止有小便，知是女人。见右足踏地深，知怀女。我以纤密意，思惟之耳。"

师曰："夫学,当以意思惟,乙[1]密乃达之也。夫简略者不至,非师之过也。"

【注释】

[1] 乙:通"意"。指身、口、意三密中的"意密",即以心传心。

【译文】

跟师父修习的比喻故事

从前有两个人,跟随师父修学佛道,一起到别的国家去。在路上看见大象的足迹,一人说:"这是只母象,还怀了雌象;象有一只眼盲。象上坐着一位妇女,她身怀一女儿。"另一个人说:"你怎么知道?"回答说:"是思考后知道的。你不相信,到前边你会看到的。"二人一起赶上大象,果然都如所说的那样。后来,母象与妇女所生皆与预言相符。

那人的同伴心想:我与他一同跟随师父学习,而我却不得要领。回去后对师父说:"我二人一起,见到大象的足迹,他能辨别判断象的具体情况,而我却不能。希望师父再开导我,不要偏心。"师父叫来了那个弟子问:"为何知道象的情况?"回答说:"是师父日常所讲。我见到了大象的小便,就知道是雌象。见它右足的足迹深,知道怀的是雌象。看见路边右面的草没有动过,知道大象右眼盲。看见象停下的地方有人小便的痕迹,就知道是女人。见人的右足迹深,知道怀的是女孩。我是以细致缜密的思考,得出的判断。"

师父说:"学习,应当运用禅观的思维,才能达到'意密'的境地。不是通常的认识所能达到的,你没有看出来,这不是为师的过错。"

【辨析】

这个故事,反映了佛教的思维特征。通过观想一切事物,进行判断和推理,是佛教逻辑的出发点。佛弟子通过对大象一切行迹的考察,然后进行分析、判断和推理,得出的结论,也令人信服。这不仅需要经过严格的思维训练,还必须要长期地、认真地观察,具备丰富的社会生活知识。所谓"世事洞明皆学问,人情练达即文章"。

故事中的"学道",是指跟随师父修习"五明"。早期印度的佛教高僧,要具备五种基础知识,这就是"五明",即声明,指语言学;工巧明,指工艺技术;医方明,指医药学;因明,就是佛教逻辑学;内明,宗教学的理论和学说。因明学被称为世界三大逻辑体系之一,汉地因明学的祖师是唐代高僧玄奘法师。因其高度抽象、缜密烦琐,自唐以降,因明传承几近绝迹,被当代学术界称为"绝学"。

二十

狐与妇喻

【题解】

此篇以狐狸一会儿捉鹰,一会儿抓鱼,最后鹰鱼皆失的故事,比喻女子被情欲牵引,最后人财两失的悲剧。故事短小精悍,充满盎然生趣。

【经文】

昔有妇人,富有金银,与男子交通[1]。尽取金、银、衣,相追俱去。到急水边,男子言:"汝持财物来,我先度之,当还迎汝。"男子便走去,不还。妇人独住在水边,见狐捕取鹰,舍取鱼。不得鱼,复失鹰。妇谓狐:"汝何痴甚,捕两不得一。"狐言:"我痴尚可,汝痴剧我也。"

【注释】

[1] 交通:交往后产生情欲,私下来往。私通。

【译文】

狐狸与弃妇的比喻故事

从前有位妇女,非常富有,有许多金银财宝,她私下和一位男子交往。她带走家中所有的金银、衣物,随这位男子私奔。他们来到一条湍急的河边时,男子说:"你把财物给我,我先渡河,再回来接你。"男子便渡过了河,一去不还。妇人独自站在河边,看见狐狸一会儿捉老鹰,一会儿又弃老鹰,去抓鱼。既没得到鱼,又失去了鹰。妇女对狐狸说:"你真是太愚痴了,捕捉的两样东西,一样都没得到。"狐狸说:"我的愚痴还可理解,你的愚痴比我更为厉害。"

【辨析】

这个故事篇幅虽短,但情节完整,而且寄寓了深刻的佛教义理。其中情景的描述,极具画面感。如果拍成电影、电视或动漫都是不可多得的素材。

狐狸鹰鱼两失,比喻佛教教义中的"贪";妇女对狐狸的嘲讽讥刺,狐狸对妇女的反唇相讥,比喻"瞋";妇女因对男子的一片痴情,而人财尽失,比喻"痴"。"贪、瞋、痴"在佛教教义中被喻为"三毒"。

贪,就是因贪爱而生起的以自我为中心,执著于自我的一切。如心中产生的我的利益、我的兴趣、我所有的一切等。有了贪心,就会无休止地求取,往往顾此失彼。就好比狐狸既想得到鹰,又想得到鱼,所以一无所获。

因此,有贪爱,就有染。有欲望,就有所求。如此,烦恼就随之而来。所以说"事能知足心常泰,人到无求品自高"。

瞋，就是因不可得而生起的不满。对于眼前的境况，狐狸没有得到想要的，心里正窝火，妇女的嘲讽，更引起它的怨怒。立即幸灾乐祸地对妇女的处境加以嘲弄，对于已经十分可悲的妇女来说，无疑是在伤口上撒了一把盐。瞋，会使人对不如意的人和事，产生怨恨和烦恼，或心怀不满，或伺机报复，甚至丧失理智，产生加害之心。所以，佛门有"瞋心能烧诸善根"之说。

　　痴，就是因邪恶、贪婪之心而生起的对生活事理的错误认识，妇女糊涂地以为男子是她可以托付一生的人。做了不该做的事，说了不该说的话。结果被骗财、骗色，备受奚落。痴，会使人不知善恶，不知因果，被现实所迷惑。

　　这个故事，难免使人联想到生活中，我们时常听到的那一个个"痴情的女子负心汉"的爱情悲剧。

二十一

国王闻羊语喻

【题解】

这篇比喻故事,有一明一暗两条线索。明线是国王信守承诺,没有对王后说出自己能听懂虫兽之语,以及由此引发的感受,致使王后以死要挟;暗线是龙王先授国王解兽语之术,又化为群羊,为国王开示,并喻指不要为他人的欲望所控制而丧失理智。

【经文】

昔龙王女出游,为牧牛者所缚捶。国王出行界,见女便解之,便使去。龙王问女:"何因啼泣?"女言:"国王枉捶我。"龙王曰:"此王常仁慈,何横捶人?"

龙王冥作一蛇,于床下听王。王语夫人:"我行见小女儿,为牧牛人所捶,我解使去。"龙王明日人现,来与王相见,语王:"王有大恩在我许。女昨行,为人所捶,得王往解之。我是龙王也,在卿所欲得。"王言:"宝物自多,愿晓百畜兽所语耳。"龙王言:"当斋七日,七日讫来语,慎勿令人知也。"如是,王与夫人共饭,见蛾雌语雄:"取饭。"雄言:"各自取。"雌言:"我腹不便。"王失笑。夫人言:"王何因笑?"王默然。后与夫人俱坐,见蛾缘壁相逢诤,共斗堕地,王复失笑。夫人言:"何等笑?"如是至三,言:"我不语汝。"夫人言:"王不相语者,我当自杀。"王言:"待我行还语汝。"王便出行。

龙王化作数百头羊度水,有怀妊牸羊呼羝羊[1]:"汝还迎我。"羝羊言:"我极不能度汝。"牸言:"汝不度我,我自杀。汝不见国王当为妇死?"羝羊言:"此王痴,为妇死耳。汝便死,谓我无牸羊也?"王闻之,王念:我为一国王,不及羊智乎?王归,夫人言:"王不为说者当自杀耳。"王言:"汝能自杀善,我宫中多有妇女,不用汝为。"

师曰:"痴男子坐妇欲杀身也。"

【注释】

[1] 牸(zì)羊呼羝(dī)羊:牸,雌性牲畜。羝,公羊。

【译文】

国王听羊所讲而领悟的比喻故事

从前,龙王的女儿出游,被放牛的人捉住捆打。国王出行到这里,遇到龙王的女儿,就放她回去。龙王见女儿问:"为何哭泣?"女儿说:"国王无故打我。"龙王说:"这位国王平常仁慈,为何会蛮横地打人呢?"

龙王在夜里变成一条蛇,伏在国王床下听国王说话。国王对夫人说:"我出行时见一女孩,被放牛的人捆打,我救了她,放她回去。"第二天,龙王变成人来见国王,对国王说:"国王对我有大恩。我女儿昨天外出,被人捆打,国王您解救了她。我是龙王,您想要什么都行。"国王说:"宝物我有很多,希望能听懂虫、蛾、畜、兽之语。"龙王说:"要斋戒七日,七天后告诉您,您千万别告诉别人。"这样，当国王与王后一起吃饭时，国王听见雌蛾对雄蛾说："拿饭来。"雄蛾说："自己取。"雌蛾说："我肚子大不方便。"国王哑然失笑。王后说："国王为何发笑？"国王默然不答。后来国王与王后一起坐着，看见两只蛾子在墙壁相遇后吵架，打斗时双双坠地，国王又哑然失笑。王后问："为何发笑？"一连问了三次，国王才说："我不能告诉你。"王后说："国王不告诉我，我就自杀。"国王说："等我出行回来再给你说。"随后国王便出行了。

　　龙王变成几百头羊渡河，有只怀孕的母羊叫公羊："你来接一下我。"公羊说："我实在无力帮你渡河。"母羊说："你不帮我渡河，我就自杀。你没见国王要为王后死吗？"公羊说："这个国王真是愚痴，为妇人去死。你就是死了，难道我就没有母羊了？"国王听到后，心想：我身为一位国王，还不如羊明智吗？国王回来后，王后说："国王不对我说为何笑，我就自杀。"国王说："你去自杀好了，我宫中有许多女人，不少你一个。"

　　证悟者说："愚痴的男子才为妇人之欲自杀。"

【辨析】

　　故事的主要人物是两个女人和两个男人：龙王的女儿、王后、国王、龙王。

　　龙女是一位恣意而行，以怨报德，不知世事，娇生惯养的女性。以此喻指作为神权代表的女性，不仅是无能的，而且是不足以信的。这位在寂寞龙宫中无所事事的公主，来到人间，看到牧牛人，可以想象她的无理和傲慢。我们设想一个是忙碌的人，一个是悠闲无聊的人，如果不是公主羞辱或惹怒了放牛的人，是没有理由对她进行捆打的。当她被碰巧遇上的国王解救了以后，不知谢恩，反而向父亲诬告国王。我们认为，应该是国王问清了事情的原委后，严肃地教育了这位公主后，才放了她。因此，这位龙王的公主才会心怀怨恨，诬告国王打他。

王后是一位邀宠专横的女性，当国王信守承诺，不愿告诉她自己为什么笑的原因，她就大哭小叫，以死要挟，使人感到可笑，又可悲。

国王是位有正义感，信守承诺，重感情但又不失理性的人物。

龙王是故事的核心人物，他变成小蛇，查明真相，知恩图报，传授国王以闻虫、蛾、畜、兽之语的能力。在国王迷茫无奈时，又变作羊群，以母羊和公羊的对话来开示国王，回归理性。

故事中的细节描写，如雄雌蛾的对话、两只蛾子的打斗、公羊和母羊间的对答，描述得既言简意赅，充满理趣，又生动活泼，让人会心而笑。

二十二

国王买祸喻

【题解】

这个题目本身就会使人产生疑惑。因为花钱买灾祸,不符合生活的常理。趋利避祸才是人们普遍的心理期许。故事通过国王在国泰民安的环境里,突发奇想,花巨资买"祸母",招致"国扰"、"民饥"的恶果,来喻指统治者的恣情纵欲,是国家动荡不安的根本原因。

【经文】

昔有一国,五谷熟成,人民安宁,无有疾病,昼夜伎乐无忧也。王问群臣:"我闻天下有祸,何类?"答曰:"臣亦不见也。"王便使一臣至邻国,求买之。

天神则化作一人,于市中卖之。状类如猪,持铁锁系缚。臣问:"此名何等?"答曰:"祸母。"曰:"卖几钱?"曰:"千万。"臣便顾之问曰:"此何等食?"曰:"日食一升针。"臣便家家发求针。如是人民,两两三三,相逢求针。使至诸郡县,扰乱在所,患毒无憯[1]。臣白王:"此祸母致使民乱,男女失业,欲杀弃之。"王言:"大善。"便于城外,刺不入,砍不伤,掊[2]不死。

积薪烧之,身体赤如火。便走出,过里烧里,过市烧市,入城烧城。如是过,国遂扰乱,人民饥饿。坐厌乐,买祸所致。

【注释】

〔1〕无憀(liáo):憀,依赖、寄托。无憀,无以为生;无所依赖;又指无穷的烦恼。

〔2〕掊(pǒu):击打、破开。

【译文】

国王买祸的比喻故事

从前有一个国家,五谷丰登,人民安乐,没有疾病祸,人民日夜歌舞升平,无忧无虑。国王问大臣:"我听说世上有祸,不知是何物?"大臣回答:"我们也没见过。"国王就派了一位大臣到邻国去,花钱买祸。

天神知道后就变成一个人,在集市上卖"祸"。其形状如猪,用铁链锁着。大臣问:"这叫什么?"天神回答:"祸母。"大臣又问:"卖多少钱?"天神回答:"一千万。"大臣仔细看后问:"它吃什么?"天神回答:"每天吃一升针。"大臣买回祸母后,便一家一户地求针。这样人民三三两两四处奔走求针。求针者遍布各地,扰乱民生,祸害无穷。大臣对国王说:"祸母扰乱了民生,百姓失业,要把它杀死扔了。"国王说:"太好了。"于是大臣把祸母拉到城外,剑刺不进,刀砍不伤,击打不死。用柴火烧,祸母被烧得身体通红如烈火,跑了出去,过巷烧巷,过市烧市,入城烧城。所到之处,国家动荡不安,人民忍饥挨饿。这就是坐享太平安乐却生厌恶,买祸所致的恶果。

【辨析】

　　故事看似荒谬，却喻理深刻。古往今来，都是人祸甚于天灾。大凡祸国殃民的事情，都是由统治阶级一手造成的。佛教从诞生的那天起，就始终和现实政治有着密切的联系。其教义从本质上来说，就具有对社会的批判和否定，反对各种利益驱动下的"造作"。

　　国王的"买祸"，就是为了满足达官贵人的好奇心。这篇故事对不惜出国"买祸"以及"造作"的后果都描绘得真切自然。表现手法也颇为新颖，其特点在于以小见大，发人深省。"祸母"如猪，暗喻权贵的愚昧；其食为针，明喻这会牵扯到千家万户；日食一斤，暗喻积少成多，终成大患；"祸母"不死，比喻由恶欲而生的灾难，与王权的统治永远相伴相生。其祸由微不足道的"针"，引发举国的灾难，何人之过？结论不言自明。

　　故事中的"天神"、"祸母"、"食针"等物，以及"刺不伤"、"打不死"、"烧如火"等细节描述，都极具想象力，给读者留下历久难忘的印象。

二十三

鹦鹉灭火感神喻

【题解】

鹦鹉属于鹦形目的飞禽,也是典型的攀禽。大多五彩绚丽,声音悦耳美妙,嘴呈钩喙,很容易识别。鹦鹉种类繁多,有华贵的粉红凤头鹦鹉、葵花凤头鹦鹉、雄武的金刚鹦鹉、炫目的玄凤鸡尾鹦鹉、小巧玲珑的虎皮鹦鹉等。分布于世界的广大地域,以拉丁美洲和大洋洲的种类最多,非洲和亚洲种类较少。我国原产的鹦鹉只有7种,全部是国家重点保护的野生动物,如绯胸鹦鹉是驰名中外的笼鸟。中国境内的野生种群,主要产于四川省。野生的鹦鹉喜欢结群生活,栖息在林中,自筑或以树洞为巢,以植物的种子及果实为主食。人工饲养的鹦鹉性情温顺,能学人语,巧言善语。鹦鹉广受人们喜爱,为人们喜欢的宠物之一。

在佛教经典中,有许多有关鹦鹉的记载,《六度集经》、《正法念经》、《撰集百缘经》、《杂宝藏经》中都有鹦鹉的故事。鹦鹉常被视为吉祥鸟,赋予其神奇与灵性。在本文中鹦鹉为正义、勇敢、善良的化身。鹦鹉以慈悲愿行度脱同类的事迹,非常感人。

【经文】

昔有鹦鹉，飞集他山中。山中百鸟畜兽，转相重爱，不相残害。鹦鹉自念：虽尔，不可久也，当归耳。便去。却后数月，大山失火，四面皆然。鹦鹉遥见，便入水以羽翅取水；飞上空中，以衣毛间水洒之，欲灭大火。如是往来，往来。

天神言："咄[1]，鹦鹉。汝何以痴！千里之火，宁为汝两翅水灭乎？"鹦鹉曰："我由知而不灭也。我曾客是山中，山中百鸟畜兽皆仁善，悉为兄弟。我不忍见之耳！"天神感其至意，则雨灭火也。

【注释】

[1] 咄（duō）：表示惊奇、怪异。

【译文】

鹦鹉灭火感动天神的比喻故事

从前有一只鹦鹉，飞到另外一座山中。这山中的百鸟、畜兽，相互友爱，而无残杀伤害。这只鹦鹉心想：虽然这里很好，也不可久留，还是应当回去。便飞了回去。离去数月后，大山失火，四面烈火燃烧。鹦鹉从远处看见后，便扎入水中，把翅膀羽毛浸湿后，飞到空中，抖动翅膀，把羽毛上的水滴洒下去，想要扑灭大火。就这样，一次次地奋力往来救火。

天神说："唉，鹦鹉。你何以这样愚痴，千里之火，怎么能被你两个翅膀所带的水滴扑灭呢？"鹦鹉说："我明知是扑不灭的。但我曾经在此山中作客，山中的百鸟、畜兽都十分仁爱善良，大家亲如兄弟。我不忍心看着它们遭难！"天神被其至诚的真情所感动，就降大雨把火扑灭了。

【辨析】

　　这是一个动人的故事。鹦鹉救火，这需要何等决心和意志！它所体现的是一种知其不可为而为之的勇气，比喻的是佛教救苦救难，度众生于水火的可贵的奉献精神。鹦鹉所到的那座山，就是一种理想境界的象征。在因缘类经典里，佛陀也以相近的内容，讲述了自己前世为"鹦鹉"，取水救火的前缘。佛经中的"天神"，代表着信仰主义者所具有的"正信"的力量。两千五百多年以来，正是这种奉献精神和信仰的力量，成为佛教得以在世界广泛传播的重要原因。

　　故事在宣扬众生无缘大慈、同体大悲思想的同时，也表明了佛教在面对自然灾害时的态度。拟人化的叙述手法，使得我们真切地感受到了众生灵的和谐相处和鹦鹉奋不顾身的伟大精神。天神最终被感动出手相救的美好结局也让人感到十分欣慰。

　　本篇不禁让人想到了中国古代著名的神话故事"精卫填海"。神鸟"精卫"，相传是炎帝的小女儿女娃所化。女娃东渡大海时溺水而亡，死后她的精灵化作了一只精卫鸟，常常衔来西山之木填海，立志填平东海。女娃这种誓要扫除障碍、造福于民的崇高境界和宏愿，千百年来激励着炎黄子孙不断地奋进。虽然两个故事植根于不同的民族文化土壤，然而女娃这种气吞山河的气概和锲而不舍的精神与鹦鹉又是何其相似！精卫和鹦鹉，它们的身躯是多么弱小，它们的力量如此微薄，然而一个想填平大海，一个要扑灭大火，它们所面对的是"大海"、"大火"，这是多么悬殊的对比！两则故事都以神奇瑰丽想象，讴歌了人类为了更加美好的未来渴望战胜恶劣环境的强烈愿望和感天动地的自我牺牲精神。主题是一致的，可见，人类在对大自然的探索、对理想的追求中所形成的共同的认识以及强烈的感情共鸣，构成了不同民族文学中作品题材和思想内容的相通性。

　　我们期望人类能和谐相处，携手相助，少一些仇恨和杀戮；

我们祈愿世界能够风调雨顺,万物茂盛,使地球成为人类及一切生灵的共同乐园。这也应当是这个故事留给我们的启示。

二十四

三人怀恶共死喻

【题解】

这是一则讲述三个婆罗门的修行者,路拾金子,因各自心生贪念,从而相互残杀,最终命丧黄泉的故事。揭示出贪婪是恶之源,害人者,最终会自食恶果的喻理。

【经文】

佛与比丘俱行,避入草中。阿难[1]问佛:"何因舍道行草中?"佛言:"前有贼,后三梵志,当为贼所得。"[2]

三人后来,见道边有聚金,便止共取。令一人还,聚中市饭。一人取毒着饭中,煞二人,我当独得金。二人复生意,见来便共煞之。已,便食毒饭,俱死。三各生恶意,展转相杀如是也。

【注释】

[1] 阿难:佛陀堂弟,佛十大弟子之一。有"多闻第一"的称誉。阿难,又作阿难陀,意译为欢喜、庆喜,据《佛本行集经》卷十一所记,佛陀成道回乡时,二十五岁的阿难即随佛出家,佛教第一次结集时,由他诵出经文,因其长于记忆,故

称。阿难曾请佛陀接纳女性为僧，从此佛教始有僧尼二众。其他弟子分别为：

"神通第一"的目犍连，或称摩诃目犍连、大目犍连、目连，王舍城郊人，婆罗门种姓，侍佛左边，传说其神通广大，故称。

"说法第一"的富楼那，全称富楼那弥多罗尼子，意译为"满慈子"。迦毗罗卫国人，国师婆罗门之子，因善于讲解佛教义理，故称。

"解空第一"的须菩提，又作须浮提、苏补底，意译为善吉、善现等，拘萨罗国舍卫城人，婆罗门种姓，因深入理解佛法性空，故称。

"智慧第一"的舍利弗，或称鹙鹭子、舍利子，摩揭陀国王舍城人，婆罗门种姓，因其敏捷智慧，善讲佛法，故称。

"密行第一"的罗睺罗，又译罗护罗、罗怙罗，意译为覆障、障月、执月，为佛陀在家时的夫人耶输陀罗所生。因其不毁禁戒，诵读不懈，密行超人，故称。又因罗睺罗十五岁出家，故为佛教"沙弥"即未满二十岁的出家人之始。

"持戒第一"的优婆离，又作优婆利、优波离、邬波离、优波利等，意译为近取、近执，迦毗罗卫国人，首陀罗种姓，因其出家后奉持戒律，无所触犯，故称。佛教第一次结集时，由他阐述戒律。

"天眼第一"的阿那律，也称阿尼律陀，意译为如意、无贪，迦毗罗卫国人，甘露饭王之子，佛陀的堂弟，因其勤勉精进，得天眼通，能见天上地下六道众生，故称。

"头陀第一"的迦叶。

"议论第一"的迦旃延。

[2] 贼：这里第一个贼字，喻指意外得到不义之财金子而生的心魔、心贼；第二个贼字，喻指独占的恶行，如同索人性命的

贪婪的恶贼。

【译文】

三人心怀恶念皆亡的比喻故事

佛陀与弟子们一起出行时，躲避到草丛中。阿难问佛："为什么不走大路，躲避到草丛中？"佛陀说："前面有贼，后面来的三位婆罗门修行者会被贼捉住。"

三位婆罗门修行者从后边来了，见路边有一堆黄金，就停下一起捡了。让一人先回集市买饭。这人把毒药放到饭中，心想，杀了他们两个人，我就可独得黄金。另两个人也谋算好了，想等买饭的人一回来就共同杀了他。随后，两人吃下了那有毒的饭，结果都死了。三人都各怀鬼胎，最终自相残杀、恶果自食。

【辨析】

这篇故事的构思，耐人寻味。首先，佛陀的揣度，就令人惊异。佛陀谓金子为"贼"，这一观念会使世俗之人感到费解。佛教从产生之时起，就明确反对聚敛被世人视为"命根"的金钱。并将"布施"列为"六度"的第一条。"拾金不昧"是世俗世界中高尚的道德；"路不拾遗"也是被人们津津乐道的太平盛世的景象。明知有金而不拾，却躲藏起来，采取了避之犹恐不及的态度。这一点从表面上看，似乎不合常理，但是，认真思考之后，就会理解佛陀何以如此了。

高贵的婆罗门修行者，认为他们是天生的统治者，将无偿地占有他人财富，当做是天经地义的事。因此，对于贪婪凶恶的婆罗门来说，无论是他们先发现金子、与佛陀同时看到金子或后见到金子，都有可能不会放过知道他们捡到了金子的人。因为即使对方不会和他们争夺金子,他们也不会相信这些人不把这事告诉别人。如果传了出去,失主就会找到他们,这样一来,贪婪的愿望就难以实现了。

得了金子的三个修行者,都因贪生恶,心怀杀机,两相谋算,两处杀机,一人毒两人之计、两人杀一人之谋,都如其所愿。但可悲的是,最终三人同归黄泉路。这样的情节安排,既合情合理,又惊心动魄,读毕不能不令人深深感喟。

二十五

神树不解相通喻

【题解】

这是一篇记述家庭生活矛盾的故事。妻子与人私通，丈夫察觉后，一则没有设法改善夫妻关系；二则没有设法掌握证据；而是选择了在神树面前告白的方式，来判断妻子是否与人私通。妻子和情人串通，不仅让情人装疯卖傻愚弄丈夫，而且在神树面前公然说谎。丈夫听了其无耻告白竟无言以对，心生愧疚。从中可以看出，神的权威，在妻子的眼里已经一钱不值。而丈夫相信、指望神的公正，是多么愚蠢啊！这则故事同时也反映了在夫权压迫下妇女的抗争。

【经文】

昔有四姓，藏妇不使人见。妇值青衣[1]作地窟，与琢银儿相通，夫后觉。妇言："我生不行，卿莫妄语。"夫言："当将汝至神树所。"妇言："佳。"持斋七日，入斋室。妇密语琢银儿："汝当云何，汝诈作狂乱头，于市逢人，抱持牵引之。"夫斋竟，便将妇出。妇言："我生不见市，卿将我过市。"琢银儿便抱持卧地，在所为。妇便哮呼其夫："何为使人抱持我？"夫言："此狂人耳。"夫妇俱到神所，叩头言："生来不作恶，但为此狂所抱耳。"妇则得活，夫默然而惭。妇人奸[2]诈，乃当如是也。

【注释】

[1] 值青衣：值，指使。青衣，婢女、仆人、差役。

[2] 奸：原文是一古今汉语皆无的自造字，根据文义，改为"奸"。

【译文】

在神树前告白的比喻故事

从前有个首陀罗种姓的人，把妻子藏起来不让人看见。妻子让婢女挖了一个地洞，与雕琢银器的工匠私通，后来被丈夫觉察。妻子说："我从来都没出去过，你别乱说。"丈夫说："那我们就在神树面前发誓告白。"妻子说："好。"丈夫于斋室之中斋戒七日。妻子借机秘密对银匠说："你如何应对呢？你要装疯卖傻，在集市见到人，就抱住拉着走。"

丈夫斋戒完毕，便带妻子上路了。妻子说："我平生没见过集市，你带我从集市经过。"集市中装疯的银匠便抱住她倒在地上，为所欲为。妻子大声喊叫丈夫："你为何让人抱我？"丈夫说："这是个疯子。"夫妇二人到了神树那里，叩头拜神时妻子说："一生不作恶，只被疯子抱住过。"妻子告白后无罪得活，丈夫则默然不语，心生惭愧。这位妇女，就是如此的奸诈。

【辨析】

这则故事中的女子以其奸诈欺瞒了丈夫、欺瞒了神灵，并最终逃过了神灵对其罪过的惩罚。这一行为本身令人厌恶、遭人谴责。然而其行为的起因却让人深思。

　　无论是在古代印度，还是在中国，男尊女卑的观念是封建社会的普遍特征。在故事中，丈夫是罪恶的实施者，也是恶果的承受者。他把妻子藏起来，其目的就是害怕妻子看到其他男人而移情别恋，或随人而去。丈夫限制了妻子的人身自由，却限制不了妻子追求爱情的心。妻子不惜挖地洞与她心爱的人相会的行为，无疑是对夫权的大胆挑战，是人性的反叛。其实，类似这种限制女子人身自由的做法，在中国，最典型的就是"缠小脚"。《缠脚歌》有："缠脚顶苦最苦恼，从小苦起苦到老"，正是妇女对受压迫受摧残的控诉。缠足的起源，来自民间传说。相传隋炀帝东游江都时，选了百名美女为其拉纤。其中有一个名叫吴月娘的女子。她痛恨暴虐的炀帝，就让铁匠打制了一把长三寸、宽一寸的莲瓣小刀，把刀用布裹在脚底下，在鞋底上刻了一朵莲花，走路时一步印出一朵漂亮的莲花。这就是"三寸金莲"的出处。隋炀帝见后召她，想观赏她的小脚。吴月娘解开裹脚布，抽出莲瓣刀向隋炀帝刺去。隋炀帝手臂被刺伤。吴月娘行刺不成，便投河自尽了。于是隋炀帝下旨：日后选美，裹足女子一律不得入选。为了逃避隋炀帝的魔掌，女子便纷纷裹起足来。女子裹足从此开始。裹足的背后是令人心酸的故事。古代女子身体遭此摧残，忍受了巨大身心痛苦，"小脚一双，眼泪一缸"。这千百年的恶习束缚着女子的双脚，限制着人身的自由，更禁锢着一颗颗的心灵。因此，皇权、夫权、神权，是压在妇女身上的三座大山。

　　本篇中的女子从私通、设计到对神树的告白，都可以看做是对"夫权"、"神权"的挑战。特别是她对神权的蔑视，是社会进步的表现。这一情节也比喻男子指望用神树来约束妻子，是愚不可及的做法。

二十六

嫁前誓见童子喻

【题解】

本文描述了一位女子临婚前的奇遇。在出嫁前,为了从孩子手里拿回一个橘子,这位女子承诺要在婚前见这孩子一面。为了实现这一承诺,女子历经遇贼、遇鬼等磨难,最终完成心愿,并得到一份厚礼。其喻义是,诚信不仅可以感动世人和鬼神,还可以得到善果。

【经文】

昔有一女,行嫡人[1]。诸女共送于楼上,饮食相娱乐。橘子堕地,诸女共观。"谁敢下取得橘来。当共为作饮食。"当嫁女便下楼,见一童子已取橘去。女言童子:"以橘相与。"童子曰:"汝临嫁时,先至我。许我,还橘;不尔,不相与。"女言:"诺。"童子便与橘,女得持还。众人共作饮食,送女至夫所。

女言:"我有重誓,愿先见童子,还为卿妇。"夫便放去。出城逢贼,女向贼求哀:"我有重誓,当解。"贼放去。适前,逢啖人鬼。女叩头,愿乞解誓,鬼放去。到童子门,请前坐。童子不干,为设饮食,以私金一饼送之。

师曰:"如是,夫、贼、鬼、童子,四人皆善。虽尔,意有所在。或有言夫胜者,为持妇急;言贼胜者,为持财物急;言鬼胜者,为持饮食急;言童子胜者,为谦谦也。"

【注释】

[1] 嫡人:被选中的人,将为人妻子。

【译文】

嫁前誓见孩子的比喻故事

从前有一位女子,将要出嫁。许多女子在阁楼为她送行,大家吃喝娱乐。一个橘子滚落在楼下的地上,女友们都看见了。有人说:"谁敢下楼把橘子取来,我们一同给她做好吃的。"当时将要出嫁的女子便下楼,看见一个孩子捡到了橘子正要走。女子对孩子说:"把橘子给我。"孩子说:"你临出嫁时,先到我这里来。答应我,就还橘子;不然,就不给你。"女子说:"行。"孩子便把橘子给她,女子拿着橘子回到楼上。大家为她做了好吃的,之后送女子到丈夫家。

女子对丈夫说:"我有郑重的誓言,答应要先见一个孩子,回来做你的妻子。"丈夫就让她去。女子出城遇到了强盗,向强盗哀求:"我有郑重的誓言,必须要兑现。"强盗就放了她。前行中,遇到吃人鬼。女子叩头,乞求放她兑现誓言,鬼放了她。到了孩子家,请她入座。孩子招待她,为她准备了饭菜,并送她一块金饼。

证悟了佛理者说:"这件事,丈夫、强盗、鬼、孩子,四者都是善良的。虽然这样,善意各有不同。有人说丈夫最善良,因为他是在娶妻之时;也有人说强盗善良,因为他是为了财物;有人说鬼善良，因为鬼是为了得到饮食；有人说孩子善良，因为他是谦谦君子。"

【辨析】

为"一橘之诺"，女子克服了诸多的困难，最终实现了承诺。故事要说明的是佛教基本教义中的诚信。所谓"出家人不打妄语"，就是要持守诚信。

诚信也是儒家人格公式"格物、致知、诚意、正心、修身、齐家、治国、平天下"中的内容，具有理想色彩，对中国历代知识分子的人格铸就和心灵陶冶产生了积极的影响。同时，诚信也是市场经济条件下所谓契约精神的主要体现。

我们注意到，这篇故事中情节的发展是以女子为中心的，无论是女子与童子的相遇，还是事情的经过和结局。而且自始至终，女子都是作为正面的人物形象出现的，这表明了在佛经中男女平等思想的确立。这一思想，对佛教的传播和社会的进步，都起到了促进作用。

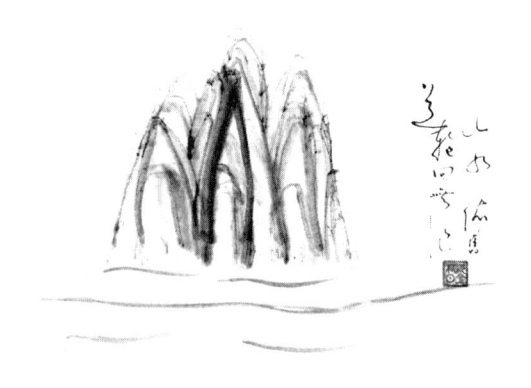

二十七

无所亡喻与作泥屋得殿堂喻

【题解】

这一篇由内容不同的两个比喻故事构成，喻义一致，都讲述了因行善和供养佛弟子得善报的因缘。前者是说，一位妇人之所以从不丢失物品，原因是她曾为大家保管物品，不昧一毫；后者则因生前为佛弟子修建了一座容身的泥屋，死后转生为天神，得到千里殿堂的受用。

【经文】

昔有妇人，常曰："我无所亡。"其子取母指镮，掷去水中。已，往问母："金镮所在？"母言："我无所亡。"母后日请目连、阿那律、大迦叶饭时，当得鱼[1]。遣人于市，买鱼归治，于腹中得金镮。母谓子："我无所亡。"子大欢喜，往至佛所，问："我母何因有此不亡之福？"

佛言："昔有一仙人，居北阴寒。至冬天，人人悉度山南。时有老独母，贫穷不能行，独止为众盖藏器物。春，人悉来还。母以物一一悉付还其主，众人皆欢喜。"

佛言："时独母者是汝母。前世护众人物故，得是无所亡福耳。"

昔有四姓家子，为离越[2]作小居处，则足自容，复作经行处。后寿尽，上生忉利天上，得宝舍，周匝四千里。所欲自乐，欢喜，持天华散离越屋上。

天言："我作小泥屋耳，乃得好殿舍。念恩，故来散华耳。"

【注释】

[1] 目连、阿那律、大迦叶：参见前注（第二十四篇）。饭时，当得鱼：早期佛教并无素食之说，托钵行乞，无挑食之理。汉地素食，有一个逐步形成的过程，大体上与《楞伽经》的广泛传播有很大关系。

[2] 离越：为阿罗汉，佛弟子之一。曾被人诬告偷牛，坐牢十二年而无怨。

【译文】

不丢失物品和建小泥屋而得殿堂的比喻故事

从前有一位妇女，常说："我没丢过东西。"她儿子拿了母亲的指环，扔到水中。随后问母亲："金环何在？"母亲说："我没丢失。"一天，母亲请佛弟子目揵连、阿那律、大迦叶用饭，需要鱼。派人去市场买，买回鱼后，在鱼肚子里得到金环。母对儿子说："我没丢东西。"

儿子大喜过望，来到佛陀住的地方，问佛陀："我母亲为何有不丢东西的福分？"

佛陀对他说："从前有一位仙人，住在山北阴冷严寒的地方。每到冬天，人人都到阳面的山南去。当时有一位孤寡的老年妇女，因贫穷不能离开，独自留下为大家保管器物。春天，人们回来时，老妇人把东西一一还给原主，大家都非常欢喜。"

佛陀说："当时的那位孤寡老母就是你母亲。前世保护众人的财物，今世得到不丢东西的福报。"

从前有位首陀罗种姓的人，为一个叫离越的修行者建了一个很小的居室，仅能容身，并念经修行。后来这位首陀罗种姓的人死后，转生到天界成为天神，得到奇珍异宝装饰的殿堂，方圆有四千里，任其享用。他满心欢喜，于是把天花撒在当年离越的居室上。

天神说："我当时建的只是一间小泥屋，现在居然得到如此华美的宫殿。感念佛恩，因此来撒天花。"

【辨析】

第一个故事讲的是两世因果报应。这种能够不丢失东西的福报，来自于前世。从情节上看，儿子为了使母亲把常常挂在嘴边的话收回，就刻意把母亲的指环扔到水中。而母亲宴请佛弟子请人买鱼时又从鱼腹中得金环，对这一巧合的描述，颇有想象力，既出人意料，但又在情理之中。之所以有这样的结果，佛陀叙述的往事，既使人很容易从情感上接受，同时，还体现出了佛教善业不失，善有善报的教义。这也符合大多数人的心理期待。

第二个故事讲的是供养出家人的果报。故事简单，但施一间小泥屋的善行，成为天神并得天上宫阙的结果，却是令人始料不及的。漫撒天花的细节也使人回味，不仅展示了美丽的画面，也蕴涵了将善行推己及众之意。撒向人间的鲜花，正是对真善美的讴歌。

二十八

得 道 喻

【题解】

三个修行者的讲述，旨在说明，虽然是不同时间、不同场景的三种佛理证悟，但方法却并无二致，都是通过对生活的观想体悟到世事无常，证得了佛果。佛教认为，一切事物和现象都在发展和变化之中，都是各种条件的聚合，因去缘来，并无永住之物。

【经文】

昔有三道人，共相问："汝何因得道？"曰："我于王国中，观蒲萄大盛好，至晡[1]时，人来折灭取，悉败，狼藉在地。我见，觉无常，缘是得道也。"一人曰："我于水边坐，见妇人摇手澡器，臂环更相叩，因缘合乃成声。我缘是得道也。"一人曰："我于莲华水边坐，见华盛好。至晡，有数十乘车来，人、马于中浴，悉取华去。万物无常乃尔，我觉是得道也。"

【注释】

[1] 晡（bū）：下午三点至五点。

【译文】

三人得佛果的喻理

从前有三个得道者，相互问："你是如何得的佛果？"一个人说："我在王国的城中，看到葡萄长得硕大茂盛，下午时，有人来摘取葡萄，损坏藤架，一片狼藉。见到这种情景，领悟到一切无常，因此得佛果。"另一人说："我坐在河边，看见妇人洗刷器皿，手臂上的环佩相互叩击，因缘聚合发出声音。我因此悟得佛果。"第三个人说："我坐在莲花池边，看见莲花开得茂盛、美丽。下午，有几十辆车来到这里，人、马都在池子里洗浴，把花全都摘走了。这就是万物无常啊！我领悟到其中的义理而得佛果。"

【辨析】

这是三个佛弟子之间交流证悟佛理心得的故事。分别落在"看果"、"听声"、"观花"三种情景的描述之中。

本来，葡萄园的葡萄熟了，这是一件使人愉快的事。辛勤的劳动，换来的应该是丰收的喜悦。笔者却用了一种令人产生心理"落差"的方式，把修行者对事物的认知表现出来。"满园硕果"瞬间化为"一片狼藉"，首先造成了人视觉上的"反差"，从而引发人的思考也就显得顺理成章、水到渠成了。这里暗喻"圆满"的事情是不能长久的，所谓圆则缺，满则溢。成熟的葡萄即使不被人采摘，最终也会落得个"满目飘零"。以此比喻佛教的基本教义，"一切无常"。只有去除"执著心"和"攀缘意"，才能去妄证悟。

如果第一个故事讲的是因情景使人感悟。那么，第二个故事则是因声而证理。从浣女佩环之声的悦耳动听，了知声音乃是因缘和合的产物。从声之变化，感悟世事人生的无常，自然真切、契理契机。

　　第三个故事中修行者证悟的亲历，正是从莲花的荣华和忽然的寂灭中参悟人生的无常，展示了美好事物所遭受的破坏，给人以很强的冲击力。一池莲花，迎风摇曳，婀娜多姿，争芳斗妍，这在视觉上和心理上都给人一种愉悦温馨的感受，然而，清碧的池水，很快就被几十辆车马所带来的人和畜搅乱了，满池盛开的荷花被摘光了。正是：人无千日好，花无百日红。

　　此外，故事中的"果净"、"花无"，也暗喻人的贪婪和占有欲践踏和破坏了一切美好的事物。

二十九

梵志被逐喻

【题解】

这篇比喻故事,反映了印度佛教在其创教时期,与各种宗教思想的激烈交锋。故事中的梵志应当是婆罗门教的出家修行者,沙门指信奉佛陀教义的出家人。以沙门战胜梵志,比喻佛教取代婆罗门教的历史进程是大势所趋,人心所向。

【经文】

昔有梵志,大高才学问。反驳论议,造立无端[1],弹易正要,引虚为实,牵物连喻,莫当之者。诸国遂师之。后到舍卫国,白日然火行城中,人问曰:"何以故如是?"曰:"国冥[2]无明,故然火也。"国王大耻之,而悬鼓城门下,募求明人有能折此人者。

时有一沙门,入国问之:"何以有此?"答曰:"王耻梵志所为,有明者捶鼓。"沙门举足蹹之。王闻大欢喜,则请沙门、梵志上殿饭食。沙门语王:"善哉,是梵志,智慧明达,真是道人。非奴、非卒、非担死人种[3]。"梵志默然,无以答。伎乐同时作,便取梵志,着粪箕中,扫迹驱逐出国,相传告语也。

【注释】

[1] 造立无端：指向壁虚造的泛论，并无理论根据。

[2] 冥：幽暗。原文为古今皆无的自造字。

[3] 担死人种：指第四种姓首陀罗，从事抬死人、扫粪等卑贱的工作。

【译文】

婆罗门被驱逐的比喻故事

从前有位婆罗门的修行者，很有才学，声名远扬。他反驳别人的议论，常常向壁虚造各种泛论，抨击和改变正确的理论，善用比喻，以虚论实，没有人能辩过他。于是，许多国家都拜他为国师。后来他到了舍卫国，白天点燃火把在城中行走，有人问他："为什么要这样做？"回答说："国家黑暗，没有光明，所以点燃火把。"国王觉得遭受到了莫大的耻辱，就在城门悬挂了一面鼓，以招募高明的人来折服他。

当时有一位佛教的证悟者，来到舍卫国城门时问道："为什么要悬挂这面鼓呢？"回答："国王耻于婆罗门修行者的所为，期待有高明的证悟者可以擂鼓应招。"佛教的证悟者大步上前击鼓。国王闻讯后大喜，请佛教的证悟者与婆罗门的出家人，一起上殿用饭。佛教的证悟者对国王说："好啊，这位婆罗门的出家人，智慧圆通明达，真是悟道之人。不是奴仆、不是士卒、不是埋死人的贱民。"婆罗门的出家人沉默不语，无法对答。这时歌舞一齐大作，并捉住婆罗门的出家人，把他放到扫粪的畚箕中，扫地出门，驱逐出境，并传达告示天下。

【辨析】

　　这篇比喻故事巧妙运用了烘托的手法。首先出场的是婆罗门教修行者，一亮相，就吸引住了读者。他声誉日隆，红极一时，被许多国家奉为国师。此人并非徒有虚名，他博闻强记，擅长辩论，能够在辩论中克敌制胜，以虚论实，并熟练地运用比喻，阐明自己的论点，以至于没有人能成为他的对手。于是，这位婆罗门的修行者，公然漠视王权，向舍卫国国王发出了挑战。白天点燃火把的行为，是具有象征意义的。一是暗喻国家统治者的昏聩、阴暗、无能，二是公开向王室表明婆罗门在社会上的思想地位、文化地位是不可替代的。

　　这种情况，在中国是难以理解的。在汉地的文明发展史上，王权始终占据统治地位，文化人如有不听"使唤"的，一律格杀勿论。从秦始皇的"焚书坑儒"，到明清两朝的"文字狱"，龚自珍的"避席畏闻文字狱，著书皆为稻粱谋"就是最好的注解。在古代印度，尽管到了王权力量空前强大的佛陀时期，但仍不足以取代婆罗门的神权、文化权。佛教就是适应了当时社会的变革，以新的教义来挑战婆罗门的神权，并且和王权结成了"同盟"。本篇中佛教"沙门"最终使得婆罗门"默然"，从一个侧面反映出那一历史时期，文化领域中佛教在与其他教派的激烈交锋中思想体系逐渐完善、获得民众认可的真实情况。

三十

妆饰面目喻

【题解】

本篇通过对佛弟子神情仪态的描绘,喻指人们现世的表现,都有其前世的因缘。此外,还有以下的寓意:一是指佛陀的智慧,可以明察秋毫之末;二则,明示只要认真修习佛理,人皆可成佛果。

【经文】

昔有沙门,饭已减除[1],妆饰面目,整顿衣被,窥视前后。阿难白佛言:"此比丘非法乃尔。"佛言:"适从女中来,余态未尽故耳。"比丘则现罗汉道,般泥洹[2]去也。

【注释】

[1] 减除:用斋已毕。

[2] 般泥洹:同涅槃,即证得不再轮回的寂静境地。有《般泥洹经》。

【译文】

佛弟子妆饰面容的比喻故事

从前有一位佛弟子,用完斋后,就修饰面容,整理衣服和被褥,还偷偷地环顾前后左右。阿难对佛陀说:"这个出家修行者的举止不符合戒律法仪。"佛陀说:"他是从女身转生而来,女性的神态特性还没除尽,因此才会这样。"这位出家的佛弟子修成了罗汉果,达到了永寂的境地。

【辨析】

这篇故事,借佛陀的堂弟,即十大弟子中的阿难,对一位出家修行者行为举止的详细观察,反映出佛教律法的严明和细密。故事虽然短小,却不乏精彩的描绘。把一位出家修行者的"娘娘腔",极其细腻传神地表现出来,真实可感、形象生动。这位出家人怪异的举止眼神,都被阿难看在眼里,但又不便直接说出来,就只好向佛陀请益,为自己开疑解惑。佛陀告知了这位出家人前生今世之原委,使阿难释怀。

文章的结尾明确告诉读者,这位出家人最终证悟了佛理,成就了道果。这是对女性修行者的肯定,明示了女性同样可以证得涅槃境界。

三十一

种一善生十善报喻

【题解】

本篇讲述善有善报的比喻故事。佛教宣扬，只要怀有修行佛教义理的心愿，诚心地修习，供养僧人，就能得到福报。其实，善有善报，反映了一切善良人们的普遍愿望。赠人玫瑰，手留余香的道理，虽然浅显，但生活中并非每个人都能自觉做到。

【经文】

昔舍卫城外有家人妇，为清信女[1]，戒行纯具。佛自至门分卫[2]，妇以饭着钵中，却作礼。佛言："种一生十，种十生百，种百生千。如是，生万，生亿，得见谛道。"其夫不信道德，默于后听佛咒愿，曰："瞿昙[3]沙门，言何若过甚哉。施一钵饭，乃得尔所福，复见谛道？"

佛言："卿从何所来？"

答曰："从城中来。"

佛言："汝见尼拘类树[4]高几许？"

答曰："高四十里，岁下数万斛实，其核大如芥子。"

答曰:"少少耳。"

佛言:"一升乎?"

答曰:"一核耳。"

佛言:"汝语何若过乎?栽种一芥子,乃高四十里,岁下数十万子。"

答曰:"实尔。"

佛言:"地者无知,其报力尔。何况欢喜持一钵饭上佛,其福不可称量。"

夫妇心意开解,应时得须陀洹道也。

【注释】

[1] 清信女:受五戒并具有清净心的女子,系在家修习佛法者,俗称居士。

[2] 分卫:乞食。

[3] 瞿昙:指刹帝利种姓,佛陀虽出身婆罗门种姓,但本是古印度迦毗罗卫国太子,故称。

[4] 尼拘类树:即尼拘律树,意译为无节。此树端直无节,三丈余,方有枝叶。枝叶繁茂,其种子甚小。故佛典常比喻虽小因而得大果报者。汉地无此树。

【译文】

种一善因,得十善果的比喻

从前,舍卫城外有一家的主妇,是修行佛教的居士,持戒修行纯正完满。一天,佛陀来到门前乞食,主妇把饭放到钵中,退行佛礼。佛陀说:"种一善因,得十善果,种十善因,得百善果,种百善因,得千善果。如此,生万、生亿善果,从而证悟佛果。"

主妇的丈夫不信奉佛法，悄悄在后边听佛祈愿，说道："释迦族的修行者，你的话太过分了。施舍一钵饭，就能得到你所说这么多的福分，还能证悟真谛？"

佛陀问："你从何处来？"

丈夫回答："从城中来。"

佛陀又问："你看见尼拘类树有多高吗？"

回答："四十里高，一年结几万斛果实，果核大小如芥菜子。"又补充说："种子很小。"

佛陀再问："需要一升吗？"

回答："只要一粒果核。"

佛陀反诘说："你说话何以如此过分呢？种一粒如芥菜子般大小的种子，竟然能长出高四十里的树，一年结数十万果。"

丈夫回答："事实是这样的。"

佛陀说："土地并无认知，还如此报答栽种者之力。何况人呢？喜悦地施一钵饭奉佛，其福报不可限量。"

夫妇二人茅塞顿开，修习法理，并证得佛果。

【辨析】

读了这篇比喻故事，对佛陀借日常生活现象比喻佛教义理的方法不禁深为赞叹。佛教宣扬的因果报应学说，其教义是无法证实的。然而，信仰一旦产生，本身就是一种客观存在，作为思想的存在方式，它会对人的行为产生影响。因果报应学说的产生，不仅符合人们的普遍心理，而且也具备现实生活的常理，这就是我们常讲的因果关系。

本文比喻的特点有三：一是"以物喻理"，以生活中的事物"尼拘类树"，喻佛理的善报学说；二是"以小见大"，用一粒微小的种子，可以长成参天的大树，比喻修行者的善果，就是由一点一滴的善行培育而成的；三是"以少见多"，以佛教信众真诚的一次供奉，可以得到十、百、千、万乃至于不可估量的佛果，比喻"佛心"的证悟，就是从一次次布施中，渐次得到的。本篇引导人们在生活中感悟哲理，极其朴素亲切，又极具艺术感染力。

三十二

煮草变牛骨喻

【题解】

本篇所述之事十分奇异,佛弟子染衣,衣服却变为牛皮,致使丢失牛的主人,误认为是佛弟子偷了牛并宰杀掉的。故在佛弟子头上挂上牛骨,使其游街示众,遭到羞辱。故事的寓意在于:它告示人们,在任何情况下,怨怒和报复都是与佛教教义相违背的,如果你蒙受了不白之冤,那也是前世的孽缘。

【经文】

昔有沙门,已得阿那含[1]道,于山上煮草染衣。时有失牛者遍求牛,见山上有火烟,便往视。见釜中悉牛骨,钵化成牛头,袈裟[2]化成牛皮。人便以骨系头,徇[3]行国中,众人共见之。

沙弥见日已中[4],搥楗椎[5],不见师至,便入户坐思惟。见师乃人所辱,则往。头面着足言:"何因如此?"曰:"久远时罪也。"沙弥言:"可暂归食。"两人则放神足俱去。沙弥未得道,常有恚未除,顾见清信士[6]及国人。国人乃取我师如此,使龙雨沙石,动此国,令之恐怖。念此适竟,四面雨沙,城坞屋室,皆悉坏败。

师言:"我宿命一世屠牛为业,故得此殃耳。汝何缘作此罪乎?汝去,不须复与我相追。"

师曰:"罪福如是,可不慎矣?"

【注释】

[1] 阿那含:指声闻乘之第三果。断尽欲界的烦恼,不再来欲界受生死,所以又称不还。

[2] 袈裟:僧之法衣,是僧俗两界的标志。

[3] 徇:巡游,游街示众。

[4] 日已中:日影已过正午,佛教有过午不食的戒律。

[5] 楗(jiàn)椎:又作犍槌、乾槌。为寺院中敲钟、鼓、木鱼等的法器。

[6] 清信士:受佛教五戒的男子,又称优婆塞,是在家修行的信众。

【译文】

染衣草变成牛骨头的喻理

从前有一位佛弟子,已证得佛果。他在山上煮草染衣,这时,有一个丢了牛的人四处找牛,看见山上有烟火,就过去看。见到锅里全是牛骨,佛弟子的钵变成牛头,袈裟变成牛皮。丢了牛的人便把牛骨系在佛弟子头上,拉到国都中游街,街上的人们都见到了。

佛弟子的徒弟见已到正午,就敲法器,仍不见师父回来,便到禅房打坐观想。冥想中见师父被人羞辱,赶了过去。行佛礼后问:"何以如此呢?"师父说:"这是很久以前的罪过。"徒弟说:"先回去用斋吧。"两人就运起神通一同离去。徒弟没有得道,心里嗔恨未除,想到国都中的在家修行者和人们。心想这个国都的人这样对我师父,应该让天龙下一场沙石雨,震动国都,让他们恐惧。心念一出,四面沙雨俱下,城里的房屋都被破坏。

师父见此说:"我前生以屠牛为业,故得到这样的灾难。你为何要做此罪恶呢?你走,不必再追随我。"

法师说:"善恶有报,怎么可以不审慎啊!"

【辨析】

不以暴制暴,不以一己之愿,恣情纵意,伤害他人,特别是伤及无辜,这是佛教的基本教义所决定的。在历史上,佛教没有挑起过战争,这在宗教的发展史上也是少有的。在佛教"无缘大慈,同体大悲"的理念指导下,度众生脱苦海,是佛教徒对人类文明的一大贡献。

"忍辱"、"无瞋",是佛教修行的重要内容,也是其伦理思想中的组成部分。可以被误解、被伤害,但绝不能伤害他人,更不能伤害无辜。这是本经给我们的启示。

三十三

杀生早夭喻

【题解】

六道众生本自一体,人与一切动物平等无二,是佛教的基本精神。蕴含在众生平等思想中的业力果报学说,就具有十分明显的教化和伦理作用。前世杀生者,今生早死;迫人杀生者,今生被断右手。其漠视生命、残害生命,必受恶报,唤醒人们要惜生爱命的喻义显而易见。

【经文】

昔有国王、大臣五人。一臣宿请佛,佛不受。臣则还,因王请佛。佛言:"此臣今必命当终,明日将谁复作福乎?"臣尝令相师相之[1],云:"当兵死。"常以兵自卫,己亦拔剑持之。夜极欲卧,以剑付妇持之。妇睡落剑,断其夫头。妇便啼叫,言:"君死。"

王则召四大臣问:"汝曹营卫之,激修奸变。其妇与相随,而忽至此罪为?谁在边者?"便斩四臣右手。

阿难问佛:"何因?"佛言:"其夫前世作牧羊儿,妇为白羊母。其四臣前世作贼,见儿牧羊,便呼儿。俱举右手,指令杀白羊母，与五人烹之。儿啼泣悲哀，杀羊食贼。如是展转生死，今世共会，故毕其宿命罪也。"

【注释】

[1] 相师相之：请命理师相面，以判定凶吉祸福。

【译文】

前世杀生，今生早死的比喻故事

从前有位国王和五位大臣。其中一位大臣再三请佛陀，佛陀都没接受。大臣回去后，请国王邀请佛陀。佛陀说："这位大臣今天会死，明日将由谁请佛陀造福呢？"这位大臣曾让命理师相面，相师说："你应当死于兵器。"大臣就用兵加强防卫，自己也剑不离手。夜深要睡觉时，他就把剑交给妻子拿着。妻子睡着剑落下来，砍断了丈夫的头。妻子哭喊："我丈夫死了。"

国王召见另外四位大臣，问："你们负责保护，却谋害他。他妻子一直与他相伴相随，怎么会忽然杀死丈夫，犯下这样的死罪。当时谁在死者身边防护？"就砍了四位大臣的右手。

阿难问佛陀："为什么会这样？"佛陀说："那女子的丈夫前世是牧羊人，妻子是只白母羊。那四位大臣前世是强盗，看见牧羊人，就叫住他。他们一起举起右手，指着白母羊要求宰杀，煮了给五个人吃。牧羊人悲伤啼哭，杀了羊给强盗吃。就是这样的生死轮回，今生再会，来了结前世的罪业。"

【辨析】

这个故事情节十分曲折离奇。前世的牧羊人，即今世的大臣，当年在无奈之中杀了母羊，今世被妻子，即当年的母羊，无意以剑杀死；前世的四个强盗，即今世的四位大臣，当年以右手强令牧羊人杀母羊，今世被国王下令砍掉了右手。以这样的构思来喻指业力果报学说。由佛陀讲述其因缘，比喻业力不失，善恶有报的教义不失。一切看似巧合的事情，都有其前因而形成的后果。

但今天的读者，对这样的结局，可能不会完全接受，会提出自己的疑惑：

先看，前世的牧羊人是无辜的。当年杀羊是被胁迫，今世又被妻子失手杀死。对他命运的安排有失公正，他何以如此苦命？

再看，前世为被杀的母羊，今世是昔日杀它的牧羊人的妻子，昔日在无奈之中被杀，今日在无意中杀夫。这样的命运无疑在昭示人们，被杀和杀夫，是不能改变的宿命。可怜的女人，前世的被杀是无奈的，今世为杀者的妻子是可悲的，无意杀了丈夫更是悲惨的。难道善良的人们注定了要与痛苦相伴？

然而本文就是在人物身不由己的辗转因缘中，体现了佛教人生是苦，苦难伴人生的喻理，从而引发人们的思考。

三十四

鱼形人身喻

【题解】

一看这篇故事的题目,很容易使人想到丹麦作家安徒生童话中的"美人鱼",但此鱼人非彼鱼人,两篇的立意、内容迥异。本文通过对"家富巨亿"却身残的鱼身和"恒抱饥饿"的大力士,两位人物不同人生际遇的描述,喻示了佛教因缘造作,生命流转的教义。

【经文】

昔有大姓,家富巨亿,常好惠施,所求不违。后生一男,无有手足,形体似鱼,名曰鱼身。父母终亡,袭持家业,寝卧室内,又无见者。

时有力士,仰王厨食,恒怀饥乏。独牵十六车樵,卖以自给,又常不供。诣此四姓,求所不足。曰:"累年仰王饮食,常不供足,恒抱饥饿。闻四姓资财巨亿,故来乞丐。"鱼身请与相见,示其形体。力士退自思惟:力石乃尔,近不如无手足人,联取[1]其物。往到佛所,问其所疑:

"世或有豪尊如国王者,死无手足,殖富乃尔。近我筋干,国中无敌,而常抱饿,饮食不足。何缘如此?"

佛言:"昔迦叶佛[2]时,鱼身与此王共饭佛。汝时贫穷,驱使助之。鱼身具所当得,已与王行,而谓王言:'今日有务,不得俱行,废此事为断我手足无异故。'时行者,今王是也。不行失言者,鱼身是也。时贫穷佐助者,汝身是也。"

于是力士心意开悟,即作沙门,得阿罗汉道也。

【注释】

[1] 联取:连续不断地取得财富。

[2] 迦叶佛:意译为饮光佛。古印度摩揭陀国王舍城人,修苦行,故称"头陀第一"。常骑一头狮子,十分威严。为过去七佛中之第六佛,为佛陀前世之师,曾预言佛陀将来必定成佛。

【译文】

鱼形人身者的比喻

从前有一大户人家,家中财富过亿,常喜好施惠于人,有求必施。后来生下一个男孩,没有手足,身形似鱼,起名叫鱼身。父母去世后,鱼身继承家业,一直在卧室里,没有人见过他。

当时有一个大力士,在国王的厨房干活,常忍饥挨饿。他一人拉十六车柴,卖了以养活自己,但常常不能维持生活。他来到大户人家,请求补贴给他生活所需。他说:"常年给国王厨房供柴维持生活,所需常不足,忍饥挨饿。听说贵府财富过亿,所以来乞讨。"鱼身请他到卧室相见,显现了自己的形体。大力士回去后想:我力大无比,可举巨石,却不如没有手脚的人,取得和拥有财物。他来到佛陀住的地方,要解除心里的疑惑,问佛陀:

"世间竟有尊贵者如国王,没有手足,却坐拥巨大财富。国内没人比我的筋骨强壮，但我却常忍饥挨饿，衣食不足，这是为什么？"

佛陀说："过去迦叶佛在世时，鱼身与国王一起供奉佛。你那时很穷，被叫来帮忙干活。鱼身本来准备要与国王一同出行，后又对国王说：'今日有要务在身，不能同行，若不办此事无异于断我手足。'所以当时去的，就是今天的国王。食言不去的，就是鱼身。当时来帮忙的穷人，就是你。"

于是大力士心中醒悟，随即出家修行佛理，证得佛果。

【辨析】

对比烘托是佛教经典的特点之一，通过比较可以使事物的特点凸显出来，达到宣传佛教义理，教化人心的目的。鱼人身体残疾，却富甲天下；大力士体壮如牛，却一贫如洗。无饱腹之能，只好来到因身异如鱼，不愿见人的鱼人家里乞讨。这里以对比手法，表现了鱼人和力士两个人物命运的巨大反差。这种奇异的人物形象和奇特构思，不能不给读者留下深刻印象。

大力士"这究竟是为什么"的疑问，也正是千百年来人们不曾停止过的尤其是社会底层民众共同的疑问。在现实生活中，世代富有与世代贫穷屡见不鲜，这种富裕被"垄断"、贫穷被"世袭"的现象正是引发人们疑问和思考的原因。

佛陀对大力士的疑问，给出的解释是前世的因缘。然而，这一答案并不能让人满意。前世的穷人，今世的大力士，仍是连肚子都填不饱的穷汉，贫穷成为他摆脱不了的宿命。这无疑是一种令人心酸的嘲弄。穷人的出路似乎只有一条，那就是出家修行。

可见，早期佛教，对于产生人生苦难的自然原因，有着十分深刻的体察和精彩的分析，但对产生人生苦难的社会原因，仍缺少关注和阐说。到大乘佛教时期，佛教对于苦难社会的改造，才逐渐从菩萨信仰的建立上体现出来。

三十五

佛不为猎人说经喻

【题解】

有愿闻佛法者,佛陀却不肯为其宣讲,自然会使弟子感到困惑。佛陀以为机缘尚未成熟,所以不为其开示。寓意在于教化要因人而异,根据不同根基,因材施教,所谓"佛说八万四千法,对治八万四千心"。

【经文】

佛为诸弟子说经。时有射猎人,担弩及负十余死鸟,过往观佛。其意精锐,愿闻说经,心欲听受。佛则止,不为说之。猎人退去,便言:"若我作佛[1],必普遍为人说道,无所违逆。"

阿难问佛:"此人撰[2]情,欲听典教,何以逆之?"佛言:"此人是大菩萨,立心深固。昔为国王,于众婇女[3],意不平均。不见幸者,共鸩[4]杀王。王生射猎家,诸婇女皆堕鸟兽中。今毕其罪,后又成就。若为说经,恐其意惧,堕罗汉道,故不为说耳。"

【注释】

[1] 作佛:成佛。早期佛教不认为人可以成佛,修行的最高

境界，是成就阿罗汉。这一时期，佛这一名号，专指佛陀本人。此处佛陀肯定了"此人是大菩萨"，表明了大乘菩萨的思想，在汉译佛典中已经开始形成。

　　[2] 撰：同"专"。撰情，一心一意。

　　[3] 婇女：指后宫嫔妃。

　　[4] 鸩：鸩酒，即毒酒。

【译文】

佛陀不为猎人讲经的喻理

　　佛陀正在为弟子们讲经，这时有一位猎人，扛着打猎的机弩以及猎得的十几只死鸟，到佛陀的住处拜访。猎人意志坚定地表示，愿意听佛陀讲经说法，真心想聆听教诲。佛陀却停了下来，不为猎人传法。猎人离开时，说："如果我是佛，一定广泛地为人们讲经，不排斥任何人。"

　　阿难问佛陀："这人一心一意，要听佛教经典，为何拒绝他呢？"佛陀说："这人是大菩萨，发愿决心深重坚定。他过去是一位国王，对后宫的嫔妃，未能平等相待。那些不被宠幸的嫔妃们，就一同用毒酒害死了这位国王。国王转生为猎人，各位嫔妃都坠入鸟兽的恶道。猎人今世是要了结罪缘。猎人日后仍能成就道果，现在若为他讲经，恐怕会使他产生畏惧的心念，只能成就罗汉果，因此不为他讲经。"

【辨析】

　　佛陀不为猎人讲经是有原因的，他认为猎人属于能够成就大乘菩萨道果的根苗，如果轻易地为他讲法，反而会导致猎人退转至罗汉的境界。这里涉及小乘佛教的主张与大乘佛教之间的差异。一般来说，小乘主张个人的修行，大乘则强调要普度众生；小乘认为修行的最高境界是罗汉，大乘认为人人皆有佛性；小乘在义理上主张人空法有，大乘则主张人法两空，具体包括教、理、行、果四个主要方面；在律法上，小乘主张必须出家修行，而大乘认为在家也可修行。

佛教比喻经典所体现的基本教义，更接近佛教早期的思想。在本文中，已经表现出肯定菩萨道、贬低罗汉道的倾向，认为罗汉道果是对菩萨道果的一种倒退。因此才有了佛陀不给猎人讲经之说。

三十六

拜金釜为师喻

【题解】

绕行佛像、佛塔，表示礼佛和敬意。本篇中绕金釜"谢师"，以表示自有因缘，其作用相同。因见金而生盗意，因伪装僧人而混入僧团，因闻高僧传法而心生惭愧，因心生善念而成就道果。正所谓"佛渡有缘人"，佛教可以使人由恶向善的喻义由此凸显。

【经文】

昔佛寺中有金釜。以烹五味[1]，供给道人。时有凡人，入观见金釜，欲盗取之。无所因，诈作沙门，被服入众僧中，闻上座论经说。诸罪福生死证要。影向之报，不可得离之证。盗人意中开悟，怀惭悔。撰情专心，则见道迹。思惟所由，釜是我师。特先礼釜，绕之三匝[2]。为众沙门，具自道说。

夫觉悟各有所因。心专一者，莫不见谛也。

【注释】

[1] 五味：日常生活中指酸、甜、苦、辣、咸五种味道；中医酸、甘、苦、辛、咸五种味道，分别对应肝、胆、脾、肺、

肾；佛教以乳、酪、生酥、熟酥、醍醐五味，比喻华严、阿含、方广、般若、法华五教。

［2］三匝：匝，圈。旋佛塔三匝者表示敬佛、法、僧三宝。亦灭贪、瞋、痴三毒。右绕佛可得五福：于后世得端正美色之形相、得清妙之声音、得以升天界、生于尊贵的帝王之家、终究能证涅槃（《大智度论》卷六十七、《大唐西域记》卷二）。大乘经中，弟子见佛都是顶礼膜拜，右绕三匝。

【译文】

拜金釜为师的喻理

从前佛寺中有一口金锅，用来煮饭，供给佛弟子日用。当时有一俗人，到佛寺看见金锅，就心生盗取之念。因没有机会下手，就假扮成出家人，穿上僧服混入僧人中，听高僧讲解佛经。当听到生死轮回，罪业福报，就如影之随形，声之回响一样无法避免的教义时，想盗取金锅的人一下子醒悟，心生惭愧。他专心听讲，接受了佛教。意识到，金锅是引导他领悟佛理的因缘。特意礼拜金锅，右绕三匝。并为出家的修行者，以自己悟道的经历现身说法。

每个人觉悟的因缘各有不同，只要一心向善，皆可证悟真谛。

【辨析】

这篇比喻经典具有十分生动的故事性，并且塑造了一位鲜活的人物形象。所谓财不外露，一座佛教寺院，用一口金锅，作为僧人日常生活的器皿，这本身就是一个令人感到新奇的事情。从而引起人的丰富联想：如果是炫富，这对寺院来说，不仅与十方丛林的清规不符，而且会带来许多麻烦；如果是王室所赐或权贵富豪所施，也一定会有一段因缘，隐含着一个为寺院僧人津津乐道的故事。

　　一口金锅，在这篇佛经中起到了体物移情，以物喻理的作用。这金锅不仅吸引了香客，还引起了一位游客见财起意的盗窃之心。为了能得到金锅，这位欲盗锅者，可谓是煞费苦心，事先做足了功课。他换上了僧服，双手合十，嘴里念着经，两眼却盯着金锅，脑子里紧张地盘算着，准备寻找机会下手。但这时，耳边不时地传来高僧讲述业力不失，善恶有报的各种实例之声音，在僧人专注地听经、用心体悟的氛围中，欲盗金锅的人也受到了感染和触动，善念渐起，恶意消散。他开始认真听讲，最终接受了佛理。由见财起贪婪之心，到闻经知业力果报；从扮僧盗物，变皈依佛门。表现出佛教教化人心、扬善去恶的喻理，彰显了佛教改造人生的社会功能。

三十七

女变男喻

【题解】

这是一个因见色生心,欲行非礼,而由男身变为女身,悔过之后又变回男身的故事。在现实中,这种事并不存在。但故事却反映出佛教对社会生活中的男女差别的关注。从另一个侧面反映了在当时社会中女性的弱势地位,她们往往更易遭到伤害和蹂躏。

【经文】

昔阿那律[1],已得罗汉。众比丘中,颜容端正,有似女人。时独行草中,有轻薄年少,见之谓是女人,邪性泆动[2],欲干犯之。知是男子,自视其形,变成女人。惭愧郁毒,自放深山,遂不敢归,经踰数年。其家妻子,生不知处。谓已死亡,悲号无宁。

阿那律行分卫,往至其家。妇人涕泣,自说其夫不归。乞丐福力,使得生活。阿那律默然不应,心有哀念。乃至山中,求与相见。此人便悔过自责,其身还成男子,遂得还归,家室相见。

凡得道人,不可以恶向之。反受其殃也。

【注释】

[1] 阿那律：梵文音译，意译为无灭、如意、无贪等。生于迦毗罗卫城，与阿难同为佛陀堂弟，因相貌端庄，常受女子关注。

[2] 泆（yì）动：泆，同"逸"、"溢"。泆动，指放纵、放荡，本文指邪恶的淫荡之心。

【译文】

由女身变回男身的比喻故事

从前佛弟子阿那律，已经证得了罗汉道果。在众多的出家人中，阿那律容貌端庄，很像女人。一次他独自出行，在草丛中，有一轻薄少年，看见阿那律以为他是女人，就产生了淫邪之心，欲行非礼。知道对方是男子后，这位轻薄少年再看自己身体，已经变成女人。他心中十分惭愧和郁闷，就到深山隐居。由于不敢回家，一晃就是好几年。家中的妻子，不知道他的下落。以为他已经死了，日日悲泣哭号。

阿那律乞食时，来到了他家。妇女涕哭悲泣不已，哭诉说她的丈夫已经好几年没回来了。乞求阿那律为她丈夫祈福，得以生还。阿那律默默不语，心生悲悯之情。他来到深山，设法与那位变成女人的人相见。这人见阿那律便悔过不已，反省自责。这样又变回男身，才得以回家，和家人相见。

对出家修行的证悟者，不可以恶意相待。否则，会殃及自身。

【辨析】

其实，许多佛教因缘故事，在有关前身、今生、来世中，都有男女性别转换的说法。从其基本立场来看，男尊女卑的认定是十分明确的。这不禁会使人发问：佛教不是讲众生平等，怎么男女还不平等呢？其实，如实观察人生是佛教认识论的出发点。在封建社会，男女在事实上是不平等的。承认不平等，是改变这种状况的前提条件。

本篇故事中，用男女身份的"异位"，来惩戒那位心生邪淫的男子。不仅使他无地自容，还迫使他换位思考。再以出家人的大悲之心，宽容和教育了这位男子，既使他付出了代价，又凸显了佛家的大度。最后，告诫人们要尊敬出家人。体情喻理，生动警策。

三十八

猕猴堕地死喻

【题解】

出家人一时愤怒，失手打死与他相伴时日的猕猴。这本是一件令人遗憾的事，但通过此事，引发了佛弟子们对自身的反省，结合佛教惜生爱命、众生平等的义理，制定了律法：规定每食，必留余饭，用以施舍其他动物。佛教以慈悲心度一切众生的喻理，从中自然反映出来。

【经文】

昔有比丘，于空闲树下，坐行道意。树上有一猕猴[1]，见比丘食，下住其边。比丘以余饭与之。猕猴得食辄行，取水以给澡洗。如是连月。后日，食忽忘，不留饭。猕猴不得食，大怒。取比丘袈裟[2]上树，悉裂败之。比丘忿此畜生，以杖捶，误中堕地，猕猴即死。数猕猴并来噪欢[3]，共舆死猕猴到佛寺中。比丘僧知必有以，则合会诸比丘，推问其意，此比丘具说其实。于是造教：自从今日，比丘每食，皆当割省留余，以施蠕动[4]，不得尽之。

檀越[5]丐饭，由此为始也。

【注释】

［1］猕猴：又称黄猴、恒河猴、广西猴，属于猴科。猕猴是我国常见的一种猴类，多栖息在溪旁沟谷和江河岸边的密林中或疏林岩山上，群居。猕猴适应性强，容易驯养繁殖，生理结构与人类较接近，是科学研究工作中比较理想的试验动物。

［2］袈裟：意译为坏色、不正色、赤色、染色等。为佛教僧众所穿着的法衣，以其色不正，故有此名。把布截成小片，而后缝缀，像一块块的田，故又名福田衣、割截衣，也称作慈悲服、解脱服等。

［3］噪欢：喧哗叫嚷。

［4］蠕动：爬行和奔跑的各种动物，如虫、兽。

［5］檀越：指"施主"，即施僧众衣食等的信众。

【译文】

猕猴被打从树上掉下摔死的喻理

从前有一位出家人，在旷野中的大树下，禅定修行。树上有一只猕猴，看见出家人用斋，就从树上下来停在他身边。出家人把剩下的斋饭给猕猴吃，猕猴得到食物后，就从水边取水给出家人洗浴。这样几个月过去了。后来有一天，出家人用斋后忘了留饭。猕猴没有得到食物，大怒。把出家人的袈裟拿到树上，全都撕烂。出家人对此气愤至极，拿起手杖去打猕猴，不幸失手击中，猕猴掉到地上摔死了。许多猕猴冲上来，叫嚷着，一起把摔死的猕猴抬到佛寺。出家的僧人们知道此事必有原因，就会同各位出家人，推究其原委，打死猕猴的出家人说出了事情的经过。于是就制定了新的律条：从今以后，出家人每次用斋，不能把饭吃光，都要节省留下一些饭食，用来施与爬虫和走兽。

佛弟子施与动物饭食，就是由这件事开始的。

【辨析】

这是一个启人思考的故事。出家人和猕猴，本来是十分友好、和谐相处的邻居。出家人给猕猴食物，猕猴居然能以取水报答。笔者俨然给我们勾画了一幅人猴和谐的图画：在大树下，出家人静坐思维，树上猕猴优游地戏耍，不远处还有一条伸向远方的小河。然而这种祥和的气氛很快就被破坏了。仅仅是因为出家人在一次用斋后，忘了给猕猴留食物。猕猴为了报复，就把出家人的袈裟撕烂。动物的怒火，是动物的本性，也是可以理解的。出家人，却怒火更甚，竟然出手，不幸打中猕猴，致使其摔死在树下，犯下了杀戒。故事的内容在于要力除瞋毒之害。同时，也喻指出家人要严于律己，宽以待物，珍爱一切生灵。只有这样，人与万物才能和谐相处、共生共荣。

三十九

鳖喻与剃头得报喻

【题解】

这两则比喻故事，所述内容虽然不同，但喻义相近，都是落在慎言的教理上。前者意谓：不分时机、不看场合的言说，会招来意想不到的麻烦，甚至是杀身之祸；后者则为：诚心的期盼和许诺，会给人带来如其所愿的结果。不同的是，前者符合生活逻辑，是一种拟人化的手法；后者则是一种信仰者的真实，在现实世界里难以证实。

【经文】

昔有鳖[1]，遭遇枯旱。湖泽干竭，不能自致有食之地。时有大鹄[2]，集住其边。鳖从求哀，乞相济度。鹄啄衔之，飞过都邑上，鳖不默声，问："此何等？"如是不止。鹄便应之，之应口开，鳖乃堕地。人得，屠裂食之。

夫人愚顽无虑，不谨口舌[3]，其譬如是也。

昔有沙门，令兄人剃头。剃头已，头面着地，作礼言："愿令我后世，心意净洁，智慧如道人。"道人言："令卿得慧胜我。"其人作礼而去。后命尽，生忉利天上。天上寿尽，来下生大姓家，作子。后得作沙门，智慧得见道。

道迹此，至意所致[4]也。

【注释】

[1] 鳖（biē）：水中爬行动物，有背甲。肉可食，甲可入药。亦称甲鱼、团鱼，俗称"王八"。

[2] 鹄（hú）：水鸟，形如鹅，体较鹅大，鸣声洪亮，善飞。亦称"天鹅"。

[3] 不谨口舌：不妄语、不两舌（不说是非），是佛家基本戒律之一。

[4] 至意所致：指坚定的信念所带来的结果。

【译文】

甲鱼之喻与理发师发愿得果报的故事

从前有一只鳖，遭遇大旱，湖泽干涸，鳖自身无力到达有食物的地方。这时有一只大天鹅，飞到了鳖的旁边，鳖向天鹅求助，希望帮它离开这里。天鹅就用嘴衔着鳖，飞过都市上空时，鳖却不能缄默其口，问："这是什么地方？"这样反复问个不停。天鹅只好回答，但刚一开口，鳖就坠落到地上，被人捡到后，宰杀烹食掉了。

人如果愚昧没有考虑后果，不能慎言，就好比这只鳖一样。

从前有一位出家人，请一位年长的理发师剃头。剃完后，理发师五体投地，向出家人施礼后说："愿我后世，能心澄意净，就像你一样有智慧。"悟道的出家人说："会使您得到的智慧胜过我。"理发师再次施礼后离去。后来理发师命终，往生到天界。天界的寿尽后，又转生到一个大户人家做子。后来出家做了佛弟子，以心智明慧得证佛果。

能像这样成就智慧，是信念坚定的结果。

【辨析】

鳖、鹄的故事，极具形象性，构成了一幅完美的画面。又很有趣味性，美丽的天鹅和低矮的甲鱼，形成了鲜明的对比。灵敏的天鹅与迟缓的甲鱼的对话是友善的，但时间和地点出了差错。在干涸的湖泽中，甲鱼向展翅高飞的天鹅，发出了求救的祈愿。善良的天鹅，答应了它，这本来是一件功德圆满的事，但口衔着甲鱼的天鹅，飞过城市时，感到好奇的甲鱼一再发问，天鹅张口要回答甲鱼，结果使甲鱼从口中滑落，满足了贪婪人的口腹之欲。

这样，故事喻理就有三层：一是喻指"祸从口出"，鳖的一再发问，是导致身亡的主要原因；二是比喻为"谨言慎口"，鹄既然答应并将鳖带到天空，就应恪守职责，为鳖的安全和性命考虑，口里衔着它在天空中飞行时，无论如何都不能开口；三是暗喻人们应管住自己的嘴，贪婪的欲望是造成众生灵悲剧的又一大原因。理趣之细致，构思之新颖，令人回味。

第二个故事的双重喻义在于：一是无论在欲界为人，还是在天界为神，以至于再轮回到欲界，人生最好的归宿，就是出家修行，证悟佛理。二是要证悟佛理，贵在心诚志笃。

四十

国王遇鬼喻

【题解】

佛教倡导的诚信,是做人的最基本准则,因而是具有普世价值的社会伦理道德规范。在今天的市场经济社会里,信守承诺是最重要的商业道德,树立起良好的声誉和形象,才更容易取得成功。故事中借国王的诚信可以感动鬼,以喻指佛弟子所奉持的教义,超越了世俗伦理道德的境界。

【经文】

昔有梵志,国王丐。王欲出猎,令梵志止殿上:"须我方还。"乃出猎,追从逐禽兽,与臣下相失。到山谷中,与鬼相逢,鬼欲啖之。

王曰:"听我言:朝来于城门中,逢一道人,从我丐。我言止殿上,待还。今乞暂还,与此道人物已,当来就卿受啖。"鬼言:"今欲啖汝,汝宁肯来还?"王言:"善哉[1],诚无信者,我当念此道人耶?"鬼则放王。王还宫,出物与道人。以国付太子,王还就鬼。鬼见王来,感其至诚,礼谢不敢食也。

师曰:"王以一诚,全命济国。何况贤者,奉持五戒。布施至意[2]，其福无量也。"

【注释】

[1]善哉：是表示赞成或称赞的用语，此语在今天的印度仍使用。

[2]布施至意：指真诚的施福与众生。布施分为：财布施、法布施、无畏布施。布施并非仅指财物、智慧、信仰等，还包括：和颜施，即和颜悦色的布施；言施，对人说好话的布施；心施，为众生的心愿；眼施，用善的眼神看人；身施，身体力行地帮助别人；座施，让座与人；察施：体察人心。

【译文】

国王遇到鬼的比喻故事

从前有一位出家修行者，找国王请求施舍。国王正好要出外打猎，令出家人在大殿上等候，说："你得等到我回来。"于是国王就出宫打猎去了。在追逐飞禽和野兽时，与大臣们相互走失。国王到了一个山谷中，与鬼相遇，鬼要吃国王。

国王说："你听我讲：早上我出城门的时候，遇到一位出家人，求我施舍。我说让他在大殿上等我回来。因而请你先放我回去，给出家人施舍后，我再回来让你吃。"鬼说："今天我要吃你，难道你还肯回来？"国王说："是的，如果我是没有诚信的人，这时还会念及那位出家人吗？"鬼就放了国王。国王回到宫中，取出财物给了出家人。把国家大事托付给太子后，国王就回来见鬼。鬼见国王回来后，被其诚信所感动，以礼致谢，不再吃他。

证悟者说："国王以自己的诚信，保全了性命并安定了国家。

更何况出家修行者，奉行和持守不杀生、不偷盗、不邪淫、不妄语、不饮酒这五戒。真诚地布施于众生，其得到的福报和功德是无量的。"

【辨析】

拟人化的表现手法，使故事中的鬼并不给人以狰狞可怖的感受。相反，给读者留下的印象是有情有义、豁达开朗的。生活中人们常听到的鬼的故事，往往是现实生活的特殊反映形式。事实上，古往今来，人害人的真实事件，几乎每天都在发生。因此，改造人，度一切苦难的众生脱离苦海，就成为大乘佛教最有影响力的"第一义谛"。

所谓恪守诚信，就是言必信、行必果。"人无信不立"，答应了别人的事情，就一定要做到。一诺千金，才能赢得人们的尊重和信任，才可能获得更大的成就。

本篇故事的逻辑线索是：诚信可感天地，动鬼神；国王对出家人的诚信，可以使他无畏鬼的行径；诚信对人、对己、对国家，都可贵的。佛门的言行戒律，不仅是诚信，其要求涉及人的行为规范的各个方面，因而持律的福报必定是不可估量的。

四十一

太子恶念成善喻

【题解】

修行先修心，心善一切善。思想指导行动，观念决定人生。这些都是日常生活道理。佛教发展到大乘时期，更加强调心性的修为。认为一心一切法，一切法一心，明确提出了万法唯心的学说。本文明喻善恶只在一念之间，旨在告诫世人：有时人生的改变，也只在一念之间，不可忽视。

【经文】

昔阿育王[1]，常好布施，饭食沙门。令太子自斟酌供具。太子默恚[2]，言："我作王时，悉当杀诸道人。"道人心知太子瞋恚。谓太子言："我不久在世间。"太子惊曰："道人明乃尔，知我心意。"即反念："我作王时，当供养道人，胜我父。"心遂和，则去恶就善。道人言："比卿作王时，我生天上已。"太子曰："圣哉，沙门。"后作国王，以五戒十善[3]为国政，遂致隆平矣。

【注释】

[1] 阿育王：（公元前304年至前232年）是印度孔雀王朝

的第三代君主,也是印度历史上最负盛名的君王。前半生通过武力基本统一了印度全境,后来在全国推广佛教,促成佛教的繁荣。

[2] 恚(huì):恨,怒。

[3] 五戒十善:五戒指不杀生、不偷盗、不邪淫、不妄语、不饮酒;十善是不杀生、不偷盗、不邪淫、不妄言、不绮语、不两舌、不恶口、不悭贪、不瞋恚、不邪见。

【译文】

太子恶念变善念的比喻故事

从前,阿育王喜好布施,常常供饭食给出家修行的佛弟子。阿育王还叫太子亲自为僧人准备餐饮用具。太子心里不满,暗想:"等我做了国王,要把这些出家人都杀死。"出家的证悟者心知太子的怨恨。对太子说:"我将不久于人世。"太子十分吃惊,心想:"出家人如此聪慧,已经知道了我心中的想法。"随即转变想法:"我做了国王,供养出家人要胜过我父亲。"心中一转念,即刻由恶至善。出家的证悟者说:"到你做国王时,我已转生到天界。"太子说:"圣明的出家人啊!"后来太子做了国王,以五戒十善为治理国家的大政方针,使得国家昌隆平安。

【辨析】

阿育王与佛教的关系,是佛教史上十分重要的内容。阿育王礼佛圣迹,整理佛教经典,修建佛寺佛塔。其中许多文物还保存至今,他把诏令和佛教"正法"刻在崖壁和石柱上,成为著名的阿育王摩崖法敕、石柱法敕,是人类文化史上的瑰宝。

阿育王为推广佛教,向邻国派出了许多佛教徒,四处弘法,才使佛教逐步成为有世界影响的宗教。阿育王为佛教的传播,起到了极大的推动作用,对研究政教关系有重要的价值。

　　这篇比喻故事,实际上是通过人物的心里对话完成的。用太子和出家人之间心灵的沟通,表现出人的心理活动,显示出善与恶往往只在人们的一念之间的喻理。佛家重视人心的改造,收摄人心、教化人心的方式,在今天仍有借鉴价值。

四十二

家有二妻喻与四难、饭食、知足喻

【题解】

本篇是由寓意各有不同的四个故事连缀而成的。一者喻害佛弟子者，将自害其身；二者喻敬佛者，福报无量；三者喻弘法为佛弟子最重要的责任；四者喻修行有阶段，渐次得正果，告诫修行者要精勤勇进，永不懈怠、自满。在表达方式上，也各有不同，体现了佛教比喻经典中联喻的运用。

【经文】

昔有四姓，取两妇。大妇日日以好饭供养沙门。沙门日往取饭，小妇患毒之。明日沙门复来，小妇则出取钵。以不净[1]着钵中，以饭置上，授还沙门。沙门持去，于山中适欲饭。见不净，则澡洗钵，后不敢复往。小妇口中及身体则俱臭，人见皆走避。后寿终，堕沸屎地狱[2]。如是展转三恶道[3]，数千万岁。罪毕得为人，常思欲食大便，不得，腹中绞痛。后为人妇，夜起盗食大便。如是数数，夫怪之，便往寻视，见妇食屎。此宿命行所致也。

人有四难得成：一者塔，二者招提僧舍[4]，三者饭比丘僧，四者出家作沙门。是四事以立，其福无量。所以者何？三界时有耳。已得作人，复有财产。能拔悭贪之本，应时施惠，功业纯立，是亦难得。谁能知此福者？唯佛耳。

佛言："比丘不以饭食，转相呼为亲道。唯以经法，转相教诫为亲耳。"比丘以饮食美味，转相贡施。见世于比丘善名。后世无所应，于佛得恶论。何以故？外行家见比丘言："佛弟子但以美饭食好衣，转相施耳。谁教者？是佛也。"于佛得恶论。比丘以经戒道法[5]，转相请乃为大亲厚耳。何以故？外行家见比丘言："佛弟子但以经戒道法，转相施耳。无他相与。"于比丘现世得善名，后世得解脱。于佛有善论。何以言之？佛是比丘师。教弟子但以经道。是故，不必以饭食为惠也。但以善言，转相施上耳。

佛言："比丘当知足。"何等为当知足？谓趣求一衣一食，常在经行，念，不念[6]。外求能止[7]，不乱意。是为知足，亦不当知足计。所谓经戒，逮得四禅及四空定[8]，须陀洹、斯陀含[9]。未可计知足也，如是为不当计足矣。

【注释】

［1］不净：佛教认为由四大，即地、水、火、风构成的妄有之身，皆不净。本处指大小便。

［2］沸屎地狱：指八大地狱中溢满屎尿的恶处。

［3］三恶道：指地狱、饿鬼、畜生三处。

［4］招提僧舍：意译四方、四方僧、四方僧房。指四方众僧可止宿的客舍。供大众共同使用，称为招提僧物、四方僧物。招提亦为寺院别称。

［5］经戒道法：指以佛说为依据，以戒为师的修行方法。经，佛经。戒，戒律。

［6］念，不念句：念，意念。不念，不被现象迷惑。指意念随起随灭，外不着像。

［7］止：心念定止，修止、观、禅。

［8］逮得四禅及四空定句：逮得，证得。四禅即初禅、二禅、三禅、四禅；四空定是空无边处定、识无边处定、无所有处定、非想非非想处定。全句指证得禅修的四个阶段和境界。

［9］须陀洹、斯陀含：参见前"悔过喻"注。

【译文】

家有两位妻子的比喻故事与人生四难、饭食、知足的喻理

从前有一位首陀罗种姓的人，娶了两位夫人。大夫人每天以好饭供养佛弟子。佛弟子每天都来取饭，这让小夫人心生恶念。一天，佛弟子又来取饭，小夫人就取出钵，把屎尿放进去，上面再放上饭，交给佛弟子。佛弟子把饭带回山中，用饭时发现屎尿就洗净了钵，之后不敢再去乞食。从此，小夫人口及身上都散发出臭味，人们见了都躲避她。后来死去，堕入沸屎地狱。就这样在地狱、饿鬼、畜生三恶道轮回了几千万年，罪业消完再转生为人，她常常想吃大便，得不到时就会腹中绞痛。后来嫁人为妻，夜里悄悄起来偷吃大便。几次之后，其丈夫感到奇怪，便跟去想看个究竟，刚好见到妻子在吃屎。这都是她前世的恶行所招致的结果。

人有四件事难办成：一是建塔，二是修庙，三是施僧，四是出家。如果能办成这四件事，其福报无量。为什么呢？在欲界、色界、无色界中的欲界里就如此。一个人，有了财产，如果能去除贪婪的本性，及时施舍与人，就能建立功德，这就很难得了。有谁能知道福德业报？只有佛陀而已。

佛陀说："出家修行的佛弟子，能不以得到饭食才亲近佛法。应当以学习教义，相互劝诫的态度亲近佛法。"出家人以美味相

互赠送往来。这样在现世里，会得到好的名声。但在后世就一无所报，对于佛教还会带来恶名。为什么呢？其他教派的修行者见到佛弟子会说："佛弟子们相互之间，都以美食和好衣物赠送。是谁教的呢？是佛陀。"于是佛陀得了恶名。佛弟子以经典和戒律，相互学习才是真正亲近佛法。为什么呢？其他教派的修行者见到佛弟子会说："佛弟子之间是以佛经和戒律相互学习。没有其他相互赠送的东西。"这样佛弟子在现世得善名，后世得解脱。对于佛也会有好的名声。为什么这样说呢？因为佛陀是佛弟子的老师。教导弟子以佛经弘道。因此，不必以饭食相送，而以善言，相互法施，这样做才是对的。

佛陀说："出家人应该知足。"怎样算是知足？是说只求一衣一食，常在修行，意念集中，又不执著于意念。对外物能止观禅修，不乱心意。这就是知足。但又不应当执著于知足。

是对念经持戒所证得四禅和四空定的境界，以及得证的果位都不可以认为知足，这就是不应当知足的道理。

【辨析】

四个故事，第一个喻事，后三个喻理。第一个故事，具有十分浓郁的伦理色彩，所谓害人者，自害；臭人者，自臭。故事中人物的心理刻画和动作描写十分成功。对小夫人因妒生恶念，因恶念成恶行，恶行结恶果的叙述，细致而又真切，环环相扣，脉络清晰。这其中，凸显了人的嗅觉感受。吃"不净"是情非得已的事，不吃则痛；吃则还必须偷偷地吃，这无疑表现了这位前世给出家人钵中放"不净"者的难堪，其心理上的压力毫不逊于吃"不净"的痛苦。

故事读完后，"臭"的感受久久不能消散。从故事本身看，毕竟出家人并未被"不净"之物所胁迫，只是倒掉洗净钵罢了。而让小夫人下地狱，受折磨还不够，还要她在来世"身臭"，不得不吃"不净",偷着吃"不净",这样的结局,具有丰富的想象力。但也给读者留下一种"报复"的感受,以恶治恶,以"臭"治"臭"。

相比之下,后三个喻理的阐发,就显得理性,充满着思辨色彩。人生四难的命题,是以出家修行为落脚点的,表现了信仰者的发愿。修塔建庙是许多佛弟子终生的目标。华夏大地,至今留下了众多闻名遐迩的梵刹古塔,如洛阳的白马寺,长安的大雁塔等,才引起后世诗人"南朝四百八十寺,多少楼台烟雨中"的无限感慨和对"姑苏城外寒山寺,夜半钟声到客船"的流连。这些都是出家人和劳动人民智慧与汗水的结晶,印证着往昔的历史岁月,也维系着今日的文化传承。

至于出家人不以生存之道为本,要以弘法持戒为要的告诫,则彰显了佛陀对待信仰的坚定态度。

关于不执著于证悟和道果的讨论,已经表现出大乘佛教的思想萌芽,由人无我的教义,过渡到法亦无我的理趣。

四十三

比丘持戒如人中师喻与斋戒喻

【题解】

这篇也是由两个故事组成。第一个故事的喻义在于"小能见大",从佛教对出家人的律法看,佛教戒律代表了世俗社会中的最高伦理。

第二个故事的喻理在于:证悟佛理者的境界,远非三界中各种"天神"所能比拟。世俗的"天人",与佛陀的境地在教义上看,前者是"妄有",后者是"清澄"。如果对佛教的世界观没有一个大致的了解,很难理解其意。

【经文】

有比丘分卫,道住,促迫卒失小便。行人见之,皆共讥笑言:"佛弟子行步有法度[1],被服有威仪[2],而此比丘,立住失小便,甚可笑也。"时有外行尼犍种[3],见人讥笑此比丘。即自念言:"我曹尼犍种,裸身而行,都无问者。佛弟子住小便,而人皆共笑之。如是者,我曹师为无法则,故人不笑耳。将独佛弟子,法清净有礼仪,易为论议故。"便自归佛,所作沙门,即得须陀洹。

比丘譬如师子,众兽中王,人中师。所语当用法。行步坐起,当有威仪。为人法则，不得自轻。自轻自毁，以辱先贤也。

天王释及第一四天王[4]，十五日，三视天下，谁持戒者。见持戒者，天即欢喜。时以十五日，天王释在正殿坐处。自念言："天下若十五日三斋者，寿终可得吾位矣。"边诸天，大惊言："但十五日三斋，乃得如释处。"有比丘已得阿罗汉，即知释心念，白佛言："宁能审如释语不？"佛言："释语不可信，为不谛说[5]。何以故？十五日三斋，精进者，可得度世。何为释处？如是为不谛说，为未足信。"

谁能知斋福者？唯佛耳。

【注释】

[1] 法度：佛律对出家人在衣、食、住、行上皆有"清规"，所谓行如风、立如松、坐如钟、卧如弓。

[2] 威仪：佛门对高僧讲"四威仪"，即行、住、坐、卧，四者之中，都有修行之心，证悟之表。

[3] 尼揵种：佛教之外的九十六种古代印度的教派之一，又称裸身外道。是修苦行的一种，常于山野之中独处。

[4] 天王释及第一四天王：天王释指"欲界天"中的天王，即"帝释天"。第一四天王，指处在最低位置的四位天王，寿有人间的九百万岁。此外还有色界十八天、无色界四天等。

[5] 谛说：真谛，指真理。

【译文】

佛弟子持戒律如世人之师的喻理和持斋的比喻故事

有一位佛弟子在乞食的路上，急促之间就在路旁小便。行人看见后，都讥笑他说："佛弟子言行有规矩，坐卧有威仪，而这位出家人，在路边小便，实在是可笑。"这时有一位修裸身苦行的人，听见人们讥笑这位出家人。就自言自语地说："我们修苦行，裸身行走，都无人过问。佛弟子在路边小便，人们都讥笑他。这样看来我所师从的修行没有法则，因此人们不讥笑。唯独佛弟子，修行清净而有礼仪，才容易被大家议论。"于是，他就皈依了佛门，出家修行，证得了佛果。

佛弟子好比狮子，是百兽之王，人中导师。所言应合乎法则，行、住、坐、卧都应当有威仪。为人做事要有法则，不能自轻自贱。自轻者则自毁，是有辱于佛教高僧的。

欲界天的天王释帝天以及四位天王，在十五天里，要三次巡视天下，看有谁能持守戒律。看到持守戒律的人，几位天神就心生欢喜。到了十五天期限，天王帝释天坐在大殿。他自言自语地说："天下如果有人能在十五天中三次斋戒，寿终后可以得到我的王位。"旁边的四位天神，听后十分惊讶地说："只在十五天戒斋三次，就能得到帝释天的位置！"有位证得罗汉果位的出家人，知道了帝释天的想法，对佛陀说："难道真的像帝释天所说的那样吗？"佛陀说："帝释天的话不可信，是不正确的说法。为什么呢？十五天斋戒三次的人，如果精勤勇进，可以度脱三界，何止为帝释天？因此那是不正确的说法，不足以为信。"

谁能知道斋戒者所得的福报呢？只有佛陀一人。

【辨析】

出家人因为内急，就在路旁方便起来。如果在无人的荒野，似无大碍。但是如若在众目睽睽之下，当然是不雅之举。故事采取的是欲扬先贬的方式，以第三者的观察和思考，来彰显佛教戒律的严格和深入人心，并以裸身修行者的反省来衬托，从而使佛教与其他教派高下立判。所谓一滴水可以反映太阳的光辉，一件人们不值得一提的小事，仍然可以提到弘法传道的高度。

第一个故事"以小见大",通过佛弟子在路边迫不得已的"方便"这件小事,引出佛教与其他教派修行方式的强烈对比,衬托出佛教清规戒律的苛严和神圣。这种对比具有鲜明的形象性,启人心智。

第二个故事的表现方法,采用了"先扬后抑"的手法。先以天王来世如我的许诺,四天神为之愕然展开情节。再用佛弟子斋戒何止十五天的事实,由证悟了佛果的高僧问佛陀,说明了"天界"和"神人",这些在世人眼里,高不可及的境地,在佛教宏大的世界里,只不过是三界中很低的层次,不足为道。佛教的修行是为了"跳出三界外,不在五行中",佛教的清净世界是永不轮回的"涅槃"境界。汉地大乘佛教的净土宗,则称之为"净土世界"。

四十四

龙还雨海中喻

【题解】

故事以龙起"兴"。借传说中能翻江倒海,吞云吐雾,主司人间雨水的龙,说明佛陀教化的力量。以龙驭水喻佛可教化众生,在客观上给佛教和佛陀披上了神秘的色彩,表现了宗教所具有的神圣性特征。

【经文】

海中有大龙[1],龙欲雨阎浮利地[2],恐地无当此水者。龙意念:地无当我雨者,还自海中雨耳。佛慧弟子,威德甚大,欲以施外行九十六种道家[3],恐无能堪者,是故佛弟子展转自相惠耳。譬如龙自还雨海中也。

【注释】

[1] 大龙:龙是中国古代传说中的神异动物,为四灵(龙、凤、麒麟、龟)之首。春分登天,秋分潜渊,能呼风唤雨。是祥瑞的象征,也是帝王和权力的化身。佛教中的龙是天龙八部中的龙部,是佛教的护法神。

[2] 阎浮利地：佛教世界中的四大洲之一，有阎浮树，故称。也指人的世界。

[3] 九十六种道家：佛教之外的六种哲学学派，因有九十六种论说，故称。还有许多不同说法。佛教产生以后，称其为"六师外道"，其理论也被视为"邪说"，统称为"邪魔外道"。

【译文】

龙将水还入大海的喻理

海中有能呼风唤雨的大龙，龙想把雨降到四大洲有阎浮树的地方，又恐怕当地不能承受这雨水。龙想：陆地承担不了我降的雨，还是把雨还回大海。佛弟子，威望功德很大，要把佛理法布施给其他九十六种不同思想的教派，又恐怕他们不能担当，因此在佛弟子之间相互传播增益，这就好比龙把雨还回大海的道理一样。

【辨析】

中国和印度两国的神话传说中都有龙这种灵异之物，其文化形象代表的是威猛、神奇和祥瑞。这篇比喻故事巧妙地把龙和佛弟子联系在一起，将龙的神威之力与佛的功德相互对应，龙的善于思考和佛弟子的善于体察人意相比附。是将龙的灵异性与佛的神圣性的完美结合，这种新颖的构思，令人不得不由衷地赞叹。

佛教在产生和发展的历史过程中，曾与许多不同的思想学说相互砥砺。作为一种宗教，佛教从一开始，就具有非暴力的特征。本文中，佛教对不能接受佛教教义的其他思想学说，一律采取了宽容和开放的态度。佛教这种善于用换位思考，来考察一切事物的立场，用慈悲心看待一切人的心态，不强求一致，更不强加于人，是难能可贵的。

四十五

狐、猴、獭、兔养人喻

【题解】

本篇故事中的梵志,是佛陀的老师,即前世七佛之一的燃灯佛;以身殉道的兔,是佛陀的前身;狐、猴、獭,分别是佛陀十大弟子中"智慧第一"的舍利弗、"多闻第一"的阿难、"神通第一"的目揵连。这种喻指不仅打破了人与动物之间的界限,而且连接了前生和现世的因缘。在这则比喻故事的生动讲述之中,将佛教的轮回和业力果报学说自然融入。

【经文】

昔有梵志,年百二十。少小不妻娶,无淫泆之情。处深山无人之处,以茅为庐,蓬蒿为席,以水果蓏[1]为食饭,不积财宝。国王娉[2]之不往,意静处无为。于山中数千余岁,日与禽兽,相娱乐。

有四兽,一名狐,二名猕猴,三者獭[3],四者兔。此四兽,日于道人所,听经、说戒,如是积久。食诸果蓏,皆悉讫尽。后道人意欲使徙去,此四兽大愁忧不乐。共议言:"我曹各行求索,供养道人。"猕猴去至他山中,取甘果来,以上道人,愿心莫去。

狐亦复，行化作人，求食，得一囊饭糗[4]来，以上道人。可给一月粮，愿止留。獭亦复入水，取大鱼来，以上道人。给一月粮，愿莫去也。兔自思念：我当用何等，供养道人耶？自念，当持身供养耳。便行取樵，以然火作炭。往白道人言："今我为兔，最小薄能，请入火中作炙，以身上道人，可给一日粮。"兔便自投火中，火为不然。道人见兔，感其仁义。伤哀之，则自止留。

佛言："时梵志者，提和竭佛是[5]；时兔者，我身是；猕猴者，舍利弗是；狐者，阿难是；獭者，目揵连是也。"

【注释】

[1] 蓏（luǒ）：草本植物的果实。

[2] 娉：同聘，指国王想要任用出家修行的证悟者。

[3] 獭（tǎ）：哺乳动物，体长约七十厘米。昼伏夜出，善游泳，食鱼、蛙等，毛是珍贵的裘皮。

[4] 糗（qiǔ）：干粮，炒熟的米面等。

[5] 提和竭佛：梵文音译，意译为燃灯佛。因其出生时身边一切光明如灯，故称。佛典中对燃灯佛有不同说法。有释迦牟尼成佛之前，得燃灯佛授记，将在九十一劫后的贤劫（因这一时期有许多圣贤出世，故称）成佛之说。众佛、菩萨都曾是他的弟子。此外，还有三世佛之一的说法：三世佛指过去、现在、未来三世的佛。谓过去佛为燃灯佛，现在佛是释迦牟尼佛，未来佛为弥勒佛。

【译文】

狐、猴、獭、兔供养出家人的比喻故事

从前有一位证悟者，年龄已一百二十岁了。他从小修行没有

淫欲之心，也不曾娶妻。他在深山无人之处，以茅草为庐，以蓬蒿为床，用蔬果为饭，也不积蓄财宝。国王聘任也不去，专心在宁静之处修行。要清虚无为在山中过几千年，终日与飞禽和走兽相伴，相互嬉戏游乐。

有四只走兽，一只狐狸，一只猕猴，一只獭，一只兔。这四只走兽，每天都到证悟者的住所，听他讲经，解说戒律，这样过了很久。吃的果实，就要用尽了。于是证悟者就准备迁徙到别处，四只走兽知道后都忧愁不已。它们一起商议说："我们各自想办法寻找食物供养证悟者。"猕猴去了其他山中，取来了甘甜的果实供奉证悟者，希望他不要走。狐狸化为人形，乞讨到一口袋干粮，供奉证悟者，可以食用一个月，想留住证悟者。獭入水中捉到一条大鱼，供奉证悟者，可以食用一个月，想留住证悟者。兔子心想：我应当用什么供养证悟者呢？觉得应当以身供养，就去取来了柴火，做成烧火的木炭。去对证悟者说："我是一只兔子，力小身薄。但能以身入火中烧成饭，供给证悟者，可以当一天的口粮。"随后，兔子就投入火中，火却熄灭了。证悟者见兔子如此仁义，被其感动。一番感伤哀悯之后，就自愿留了下来。

佛陀说："那时的证悟者，就是燃灯佛；兔子，是我的前身；猕猴，就是今天的舍利弗；狐狸，就是阿难；獭，就是现在的目揵连。"

【辨析】

呈现在我们眼前的是一幅多么美好感人的画面啊！在娓娓道来的故事中，将读者带到人和自然和谐共生的、精神高度默契和融合的理想境界，尽情感受着大自然的和谐之美。本篇不仅凭此感动了人心，而且，在看似简单的情节中还包含着丰富的内涵。其中尽情地渲染了一位佛弟子对信仰的坚定和执著追求，折射出深刻的人生哲理，慈悲带给人幸福、快乐，生命在奉献中永恒。

　　这则故事还隐含了关于佛陀的美丽传说。相传，佛陀还是太子时，见一位女子有许多青莲花，他就买了五枝，奉献给他的老师燃灯佛。又有一天，太子在外行走，正巧遇到燃灯佛也在路上。太子见地面有一摊污水，心想：佛是赤足行走，污水会弄脏佛的双脚。就即刻扑在地上，用自己的头发，铺在污水上面，等着燃灯佛从他头发上走过去。燃灯佛看到太子这种表现，对他说："你在来世，会成为至高无上的佛，佛号就是释迦牟尼。"

　　佛陀以身供前世佛的故事，表现了信仰主义者可歌可泣的献身精神。

四十六

破鬼神像喻

【题解】

出家人一身正气，何惧鬼神？所谓"不做亏心事，不怕鬼叫门"。不仅如此，佛教把印度古代文化中的神灵，视为佛教的附庸。一切大力鬼神、天龙八部，都是佛教的护法神。本篇的喻义在于，有坚定信念的人，连鬼神也要畏惧回避。

【经文】

昔有五道人，俱行，道逢雨雪，过一神寺中宿。舍中有鬼神形像，国人吏民，所奉事者。四人言："今夕大寒，可取是木人，烧之用炊。"一人言："此是人所事，不可取。"便置不破。此室中鬼常啖人，自相与语言："正当啖彼一人，是一人畏我。余四人恶，不可犯。"其可止不敢破像者，夜闻鬼语，起呼伴："何不取破此像，用炊乎？"便取烧之。啖人鬼便奔走。

夫人学道，常当坚心意。不可怯弱，令鬼神得人便也。

【译文】

烧鬼神像的喻理故事

从前有五位出家修行者,一起出行,路上遇到了雨雪,就在路过的一座神庙中寄宿。庙里有鬼神的雕像,这个国家的官吏和百姓,都信奉鬼神。其中四个出家人商量说:"今晚寒冷,可以用木雕像,烧火做饭。"另一出家人说:"这木像是人所供奉的,不要这样做。"就没有用。这座庙里有鬼,常吃人。鬼互相商量说:"应当吃那个人,这人怕我们。其余四人凶恶,不可冒犯。"这时不敢烧鬼像的人,夜里听到鬼的话后,起来叫醒同伴说:"为何不劈掉这鬼像,用来烧饭呢?"就取鬼像烧了。吃人鬼便立即逃走了。

人们修学佛理,要保持坚定的信念。不可以有怯懦之心,让恶鬼得以如愿。

【辨析】

故事是以佛弟子之间的对话,恶鬼相互的议论,这两条线索展开的。佛弟子对是否烧鬼像,形成了两种态度:一种是随机方便,取鬼像烧饭;一种是尊重当地习俗,不烧鬼像。前者因地制宜,略嫌粗疏;后者为人设想,心地善良。但在恶鬼看来,善良只是让它们可以轻易吃掉的必要条件。两种态度会导致两种截然不同的结果。

故事告诫出家修行的人们,神鬼并不可怕,只要心向佛法,就可以驱恶降鬼。同时也启示世人,内心的懦弱才是招致灾祸的原因。本篇无论是描述语言,还是人物、恶鬼的对话,都极其简洁明快,鲜明生动,使人物情态、心态毕现无遗。此外,两种态度和两种结果的对比，也给人留下了深刻的印象，使人掩卷思之，各有心得。

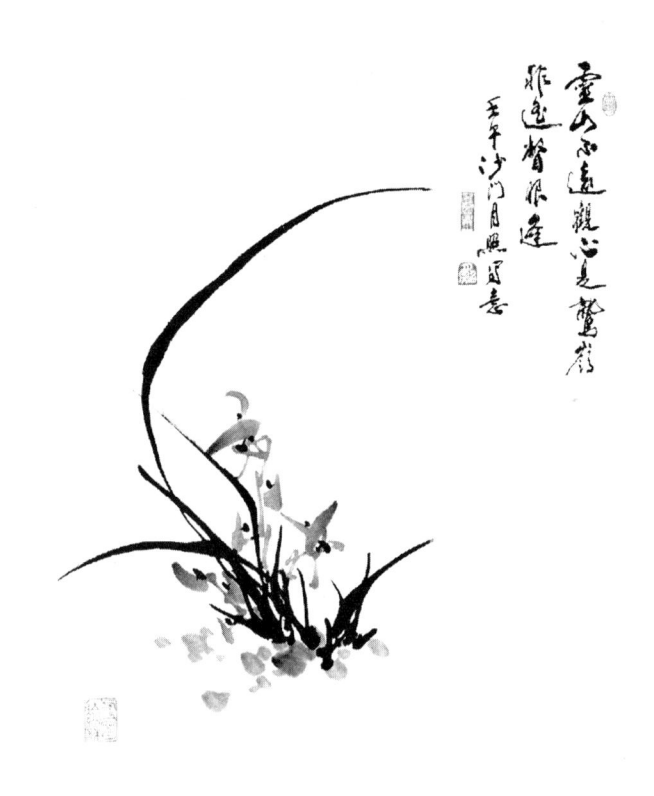

四十七

国王作沙门喻

【题解】

一国之主,位高权重,这是世俗许多人梦寐以求的事。在佛教看来,在权力和追求真理之间做选择,后者更崇高。佛陀一生的亲证,就是最好的证明。古代印度十六大国的相互争霸,有几位国王得以善终?又有几人为后世所知?王权的争斗,是你死我活,残酷无情的杀戮。古往今来,这样的事例,还少吗?故事的喻理是:皈依佛门胜于人间王位,崇尚真理才是人生真谛。

【经文】

昔有国王,弃国行作沙门。于山中精思,草茅为屋,蓬蒿为席,自谓得志[1]。大笑言:"快哉!"

边道人问之:"卿快乐,今独坐山中学道,将有何乐耶?"

沙门言:"我作王时,所忧念多。或恐邻王夺我国;恐人劫取我财物;或恐我为人所贪利;常畏臣下利我财宝,反逆无时[2]。今我作沙门,人无贪利我者,快不可言。以是故言快耳。"

【注释】

[1] 得志：指满足了自己的心愿。

[2] 反逆无时：反逆，谋反叛逆；无时，无时无刻。

【译文】

弃王位皈依佛门的比喻故事

从前有一位国王，放弃王位出家做了佛弟子。他在山中精勤修行佛理，以茅草搭成屋舍，以蓬蒿作为卧席，自称满足了自己的心愿。大笑着说："真是快乐啊！"

路过的人听到后问："你说快乐，可现在一人独自在山中修学佛理，又有什么快乐可言呢？"

佛弟子说："我当国王时，心中忧虑的事情很多。或是怕邻国的国王侵犯掠夺我的国土；又唯恐别人抢劫我的财物；或者会担心我遭贪婪之人的算计；还常常畏惧臣下，为了贪图我的财产和宝物，不知何时会谋反叛逆。现在我出家做了佛弟子，不再有人为了贪图利益而算计我，心里的快乐真是难以言表。所以我才说，真是快乐啊！"

【辨析】

人为什么活着，什么是幸福和快乐？每个人的心中都会有不同的答案。这也是一个亘古长存、常温常新的话题。

年轻时，我也曾十分喜爱前苏联革命作家奥斯特洛夫斯基的长篇小说《钢铁是怎样炼成的》一书，喜欢其中的主人公保尔·柯察金的名言："人最宝贵的是生命，生命每个人只有一次。人的一生应当这样度过：回首往事，他不会因为虚度年华而悔恨，也不会因为卑鄙庸俗而羞愧；临终之际，他能够说：'我的整个生命和全部精力，都献给了世界上最壮丽的事业——为解放全人类而斗争'。"保尔双目失明、全身瘫痪还坚持写作自传体长篇小说。这种为理想而献身的精神、钢铁般的意志让人感到由衷的敬佩。但也对他放弃和冬妮娅的爱情感到深深的惋惜。那是一个战火纷飞的岁月，是一个阶级推翻另一个阶级的革命时期。我们不可能停留在那个历史时期，也不希望再有一次岁月的轮回，但保尔那种珍惜生命，顽强生活的态度，却并没有因岁月的流逝而褪色，仍时时给我莫大的激励。好好地活着，努力地工作，不虚度生命，就是实实在在的人生。

　　故事中的国王，对于山中的生活是快乐的解释，是在和宫中的生活对比中展开的，有理、有据，是生活的真切感受，读后使人信服。这也是佛家"脱人间烦恼"人生观的生动体现。

四十八

绕 塔 喻

【题解】

乍一看,这个故事让人感到有些困惑。敌兵来犯,不是兵来将挡,反而指望侵犯者自行退却,这似乎不合情理。但仔细想来,却自有其道理。敌人来犯,如果国王不乱,一切照常,那么,则臣下不乱,国民亦不乱。人人各司其职,守军将士严阵以待,那么敌军也就不敢贸然进攻。毕竟从常理上看,守易攻难,敌军知难而退,也就不难理解了。其喻理在于,心定神安,处变不惊,才能化险为夷。

【经文】

昔有国王,大好道德[1],常行绕塔,百匝未竟。边国王来攻,欲夺其国。傍臣大恐怖,即行白王言:"有兵来至,唯大王置斯旋塔。还为权虑,以攘重寇。"王言:"听使兵来,我终不止。"心意如故,绕塔未竟,兵散罢去。

夫人有一心定意[2],无所不消也。

【注释】

[1] 道德：本处指信奉佛教的理念。

[2] 定意：定，指禅定，即心念定止，不为外物所动。

【译文】

国王绕佛塔的比喻故事

从前有一位国王，十分喜好和推崇佛法，常礼佛绕塔而行，百圈不止。边境邻国的国王带兵进攻，想要侵占其国土。身边的大臣闻讯十分惊恐，就到国王面前说："有敌兵来犯，唯独大王您还在绕佛塔。还请权衡商量，以抵抗来犯之敌寇。"国王说："听到有敌兵来犯，我还会绕佛塔不止。"国王心意不改，绕塔还未完，敌兵已经撤走了。

【辨析】

敌兵来犯，大臣皆恐慌，唯国王稳如泰山，依然故我，绕佛塔不止。故事围绕这一事件展开。国王绕佛塔，特别是在大兵压境时，仍然能"心意如故"，包含有以下寓意：

第一，国王的做法向世人昭示：我们是信奉佛理的，祈求国泰民安，希望天下太平。这实际上在政治和外交上都是一种巨大的力量。这种力量又是由战争的性质所决定的。我们是被侵略者，是受害者，侵略者应当受到人们的谴责。它的潜台词实际上已经表达出来，即我们有信心、有力量来保卫我们的家园，因为正义是站在我们一边的。

第二，国王实际上是在昭示天下，敌兵来犯并不可怕，怕的是自己先乱了阵脚。要坚守岗位，做好自己该做的事。"风雨不动安如山",敌兵又奈我何?一国之主不慌不怕、不惊不乱,一国之民也会沉着应对,做好准备;全军统帅稳如泰山,全体将士也会严阵以待。军不乱、民不慌,本身就是对来犯之敌的震慑。

第三,我以为国王继续绕塔,其实也是在既为国家祈福,也为下一步如何抵御敌人进行思考和筹划:政治、军事、外交、经济、人心,一切与国家安危相关的问题,都要做全盘的考虑。

第四,宗教行为本身,也会对国家的安危产生影响。作为一种信仰,在国家危亡时期的作用,任何一位清醒的政治家都不可能忽视。我国佛教界在抗日战争的历史岁月里"上马杀贼,下马信佛"的行动,就是证明。

四十九

王礼佛喻

【题解】

出家人不拜王者，是佛教恪守的原则。佛教传入中国后，对这个问题曾展开过激烈的争论，佛教为此付出了惨重代价。但最终佛教坚持认为，既已出家则不应受世俗礼法的约束。并以此为理由，不向王权低头。本文中，国王拜佛，说到底是为了死后能上天界。但国王尚能自知"我头者如此"，为不洁之物，这就在客观上体现了本篇的寓意，一切无常、一切无我，万法皆为因缘和合之物，本自妄有，本自不净。

【经文】

昔有国王，行常过佛，为作礼。不避泥雨，傍臣患之。自相与语："王作意何以烦碎乃尔。"王耳闻之。王还宫敕臣下，行求百兽头及人头一枚来。臣下白王言："已具。"王令于市，卖之皆售，人头不售。臣下白言："卖百兽头皆售，此人头臭烂，初无买者。"

王语傍臣："汝曹不解耳。祕[1]前者过佛所，为佛作礼。汝曹言：'王意烦碎。'欲知我头者如此，死人头不洁净。当以求福,可得上天。汝曹愚痴不知,反言烦乎。"傍臣言:"实如大王所说,叩头谢过,臣等愚不及。"

王后复出,臣等皆下马,为佛作礼。以王为法[2]也。

【注释】

[1] 祕(mì):不公开的,不让大家知道的秘密。
[2] 法:佛教名词,通常指教义。本处指效法。

【译文】

国王礼敬佛陀的比喻故事

从前有一位国王,出行时常经过佛陀的处所,礼拜佛陀。即使风雨交加、道路泥泞的时候也要去。随行的大臣有怨言,他们议论说:"国王刻意这样做,真是既麻烦又琐细。"国王听到这些议论,回到宫中就命令大臣,去找各种野兽的头以及一颗人头来。大臣们回复国王:"已经找好了。"国王令大臣们都拿到市场去卖,一百个兽头卖出去了,只有人头没卖出去。大臣汇报说:"各种野兽的头都卖出去了,人头腐烂发臭、一直无人买。"

国王对身边的大臣说:"你们不了解我的心思。以前每次经过佛陀的住所,都要礼拜佛陀。你们说:'国王太麻烦和琐细了。'要知道我的头也和死人头一样,都是不干净的。应拜佛以求得福报,才可以死后上天界。你们愚昧无知,反而嫌麻烦。"身边的大臣说:"真的如大王所说,请受我们的叩首以表示悔过,是我们愚昧无知。"

国王以后出行,经过佛陀住所时大臣们都下马,礼拜佛陀。都以国王作为效法的榜样。

【辨析】

古代印度，在相当长的历史阶段，神权是高于王权的。在婆罗门教统治时期，王权始终处于神权的控制之下。佛教产生之后，适应了社会的发展，和传统的婆罗门神权进行了激烈的理论交锋，颠覆了婆罗门的统治。佛教与王权结成了"神圣同盟"。经过佛陀多年的传教，佛教在北印逐渐取代了婆罗门的影响，成为一种新的宗教。

宗教的特征就在于它的神圣性，它是人们对彼岸世界的憧憬。故事中的国王，也是世俗社会的一员，生前享受了人间的富贵，死后当然比一般的百姓更想上天堂。佛教正是抓住了帝王的心理，从教义上引导，从现实生活中的自然因素以及社会原因来阐发其义理。故事中的国王用一百个兽头和一个人头在市场上买卖的结果，来启发大臣，这是合乎一般常理的。其中，人头除了有亲缘关系的人会买回安葬，或有宿怨的仇人买去泄愤。除此之外，自然不会有人花钱去买。更何况是一个腐烂发臭、无法辨认的头颅了。同时，还应当注意到兽头与人头的比附，暗含了佛教众生平等的观念。人不如兽的结果，也隐喻了人性中现实、自私、冷酷、贪婪的一面。

五十

王礼沙门喻

【题解】

国王礼敬出家修行的佛弟子,表现的是国王对佛教义理的认识。佛教认为:今生当国王,是前生的福德所致;现世修善行,礼敬出家人,来世就可以上天界。佛陀把过去、现在、未来这三世的因果联系起来,千百年来对于教化人心,正世俗风气,起到了积极的社会作用。

【经文】

昔有国王,出游每见沙门,辄下车为沙门作礼。道人言:"大王止,不得下车。"王言:"我上,不下也[1]。所以言上,不下者。今我为道人作礼,寿终已后,当生天上。是故,言上耳,不下也。"

【注释】

[1] 我上,不下也:这里的"上"是指佛教六道轮回中的三善道中的"天人"。"下"是指三恶道中的"地狱"。

【译文】

国王礼敬出家人的比喻故事

从前有一位国王,出门游历时每次见到出家人,都要从车上下来向出家人行礼。出家的佛弟子说:"大王不必这样,不要下车了。"国王说:"我是在向上,不是向下啊。之所以说是向上,不是向下,这是因为我今天为出家人行礼,今生的寿命结束后,就会生往天界。因此,我说是上,不是下。"

【辨析】

礼敬佛门,可得善果。这样的喻义在比喻故事中反复出现,但意趣却各有不同。这个故事的特点,在于国王巧妙地借用了佛弟子的一个"下"字作文章,表现出国王对于佛教人生观和世界观的认知、理解和接受的程度。戏谑,而不失庄重;随意,但蕴含礼数;浅显,却颇具深意。

首先,出家人所说的"下",本意是下车。国王则反其意而行之,说我是在"上",其下车礼敬佛弟子,就会上天界的喻义,也就和盘托出了。

其次,故事借"上"与"下"也暗喻着佛教的业力果报学说,所谓为善的让你上天堂,作恶的让你下地狱。正如人们常讲的:赠人玫瑰,手留余香;与人仇恨,自己遭殃。

另外,"上"与"下"不仅形成了鲜明的对比,而且暗含着丰富的辩证关系,表现出变化和转换的认识。

还有,从概念上说,"下车"和"上天"是完全不同的两个概念,"下"也非"下地狱"。笔者运用了语言词汇的丰富性,加以联想,这样就极大地扩展了文章的内涵,使故事翻出新意,意趣盎然。

五十一

魂摩故骨喻

【题解】

灵魂不死，或心识可以脱离肉体，即魂灵作为轮回的主体，有关这一认识，在古代印度各派哲学中十分盛行。早期佛教在此基础上创造了业力流转和轮回的学说。佛教主张一切无常、一切无我，那么轮回的主体是什么？佛教认为，从无始以来产生的"业力"，根据人的行为的善恶，进行流转，这样就巧妙地回避了"无我"与"灵魂不死"之间的矛盾，把过去、现在、未来三世，以及过去因与现在果、现在因与未来果联系起来，形成了三世两重因果的理论。

【经文】

昔有人死已后，魂神还自摩娑其故骨[1]。边人问之："汝已死，何为复用摩娑枯骨？"神言："此是我故身，身不杀生、不盗窃、不他婬、两舌、恶骂、妄言、绮语、不嫉妒、不瞋恚、不痴[2]。死后得生天上，所愿自然，快乐无极。是故爱重之也。"

【注释】

[1] 魂神还自摩挲其故骨：魂神，指心识，是相对于肉体的精神。小乘佛教主张六识，即眼识、耳识、鼻识、舌识、身识、意识。大乘加末那识、阿赖耶识，构成八识，反映了对心识的不同理解。摩挲，抚摸。

[2] 不杀生、不盗窃、不他婬、两舌、恶骂、妄言、绮语、不嫉妒、不瞋恚、不痴句：指菩萨修行的十种善法。即止杀行放生之善、止盗之行、不行邪淫之事、不向两边说是非、不发恶言骂辱他人、不起虚言诳惑他人、不以华丽之言令人乐闻、不生嫉妒心、不生忿怒之心、行正信正觉之善。此外，还有各种不同的说法，但义理一致。

【译文】

灵魂爱抚骸骨的比喻故事

从前有一个人死后，他的灵魂还不舍地爱抚着骸骨。旁边的悟道者问道："你已死了，为何还要反复抚摸枯骨？"灵魂说："这是我已故的身躯，此身生前不杀生；不盗窃；不邪淫，行清净梵行之善；不搬弄是非，行和合利益之善；不恶口，行柔和软语之善；不妄语，行实语之善；不绮语，行质直正言之善；不生嫉妒心；不生愤怒之心；不痴，行正信正觉之善。从而死后得以往生天界，享受从心所愿的自然之乐，快意无限。因此，充满爱意之心而反复抚摩。"

【辨析】

这篇比喻故事，以信仰者的丰富想象，完全改变了人在面对一副骨骸时的惊惧心骇之状，变成了对死者生前的追忆。表达了对恪守十善、修行佛理者的深切怀念和真诚敬意。这种敬意是通过生者和死者之间心灵的对话展开的，显得从容、自然、真切。模糊了生死界限，把阴阳两界有机地联系在一起，寄寓着深刻的哲理。其中包含着丰富的寓意：有的人死了，却把自己的爱，继续洒向人间的故交和亲友；有的人活着，却比枯骨还令人生厌。

本文的生动描述，尤其是反复抚摩的情景，描摹其状，肖其声口，调动了人的经验理性的感受，使人如闻其声，如见其状。也把对生的感念，死后往生的祝福都凝结在"摩挲"两字之中了。

五十二

沙门与鬼喻

【题解】

佛教认为，人生的一切苦难皆源于"六根"。由"六根"（眼、耳、鼻、舌、身、意）产生"六境"（色、声、香、味、触、法），进而生"六识"（眼识、耳识、鼻识、舌识、身识、意识），各种妄有心识总谓之"妄心"。在妄有心的作用下，各种欲望随之而生，此起彼伏、永无止息。本文中借出家修行的佛弟子与鬼的往来和对话，阐发了佛教对"人生烦恼"产生的认识。

【经文】

昔外国有沙门，于山中行道。有鬼，变化作无头人，来到沙门前。

报言："无头痛之患[1]，目所以视色，耳以听声，鼻以知香，口以受味，了无头何一快乎。"鬼复没去，复化无身，但有手足。沙门言："无身者，不知痛痒。无五藏[2]，了不知病，何一快乎。"鬼复没去，更作无手足人。从一面车，转轮来至沙门。道人言："大快，无有手足，不能行取他财物，何其快哉。"

鬼言："沙门守一心不动。"鬼便化作端正男子来，头面着道人足。言："道人持意，坚乃如是。今道人所学，但成不久。"头面着足，恭敬而去也。

【注释】

[1] 无头痛之患：这里对应的是头部所具有的前四识。

[2] 五藏：五脏，人体内心、肝、脾、肺、肾五个脏器的合称。

【译文】

佛弟子与鬼对话的比喻故事

从前外国有一位出家修行的佛弟子，在山中修行。有一个鬼，变成一个无头的人，来到佛弟子面前。

佛弟子对它说："你没有因头而带来的痛苦和忧患了，头部的眼是看景物的，耳是听声音的，鼻是闻香味的，口是感知味道的，没头是何等快乐的事啊！"鬼听后回去，又变成一个无身，只有手和足的人来了。佛弟子说："无身的人，不知道痛痒。没有五脏，也没有这些器官的疾病，是何等的快活啊！"鬼听后又回去，变成了一个没有手和足的人。随车轮转动着来到佛弟子面前。佛弟子说："太快活了，没有手足，就不能去夺取他人的财物，这是何等的快活啊！"

鬼说："这位出家人真是持守一心，不为外物所动。"鬼随即变成一个相貌端正的男人，五体投地拜在佛弟子脚下，说："佛弟子持道修行，如此坚定。今天的出家人所修学还只是小有成就。"又礼拜佛弟子后，恭恭敬敬地离去了。

【辨析】

这个故事中的鬼以"无头"、"无身"、"无手足"三种形象，呈现在读者面前。理解这样的作品，不仅要了解佛教的基本教义，还要能够以理性来认知佛家对鬼魅的独特认识。

首先，鬼是一种具有超人能力的，由人的想象和认知创造出来的事物。鬼这一概念的产生，在中国古代是由来已久的。先秦《墨子》就有"明鬼"的思想认识，并把"明鬼"和"天志"即自然规律联系在一起。表现出对未知世界及事物的强烈期盼，反映了人类的探索精神。

在佛教中，鬼具有十分丰富的内涵，是正邪集于一身的多面体。在本故事中，鬼既是一个骇人的形象，还是一个具有百变神通的高度智慧和理性的化身。

其次，鬼作为现实生活中并不存在的事物，仍然广泛存在于各种民间信仰之中。"鬼"作为一种"空概念"，对人们认识领域的开拓仍具有一定的意义。诸如妖魔鬼怪、魑魅魍魉、龙凤麒麟，这类"空概念"，都已经在人们的文化生活中，赋予了许多新的含义。

五十三

沙门衣堕地喻

【题解】

严于律己,以戒为师,这是佛陀在创教时期就确立的行持信条。佛教不仅注重行为举止的"法相庄严",更关注自我内心的"反观内照"。佛教的修行实践,代表了人间最高的行为道德准则。在我们今天市场经济下的当代社会,仍具有思想和理论价值。

【经文】

昔沙门于山中行道,里衣解堕地,便左右顾视,徐牵衣,衣之[1]。山神出,谓道人:"此间亦无人民,衣堕地,何为匍匐着衣?"沙门言:"山神见我,我亦复自见。上日月、诸天见我,于义不可。身露无有惭愧[2],非佛弟子也。"

【注释】

[1] 衣之:穿上。此处当动词使用。
[2] 惭愧:佛教名词。惭,指对人有羞耻心;愧,指对天有羞耻心。

【译文】

佛弟子衣服落地的喻理

从前有佛弟子在山中修行，内衣掉落到地上，就向左右两边看看，悄悄拉起内衣，再穿上。山神看见后现身，对佛弟子说："这里没有任何人，内衣脱落在地，为什么要伏地穿衣呢？"佛弟子回答："山神看得见我，我自己也能看见。再说上有日月和诸位天神看得见我，教义的戒法也规定不可以赤身裸体。没有向善去恶的羞耻心，就不是佛门弟子。"

【辨析】

佛教对于出家人的着装，有着严格的要求和规定。在家修行和出家修行，让人一望而知的标志就是落发和僧服。这一点无论在汉地，还是世界各地，都是共有的特征。

在佛陀时期，他和弟子们都穿"粪扫衣"，这是用破布制成的僧服。后来佛陀允许用布料制作，但要剪成几块缝制。规定僧人只能有三衣，即五条布缝成的中宿衣（下衣），七条布缝成的入众衣（上衣），九条或更多条布缝成的大衣。三衣之外加上覆肩衣和裙，则成五衣。这样做的目的，就是要告诫僧人，戒除贪欲，生活俭朴。我们通常所说的袈裟，就是由碎布补缀而成的，所以又称百衲衣或衲衣。故有出家年久的僧人，自称"老衲"。

本文以佛弟子在深山无人处尚且慎行穿衣的细节，体现了佛教戒律"自省"、"自律"的特点，蕴含佛教教义的澄明圣洁，可天人共鉴的理趣。同时也启示众生，人要自尊、自重，要有羞耻之心。

五十四

六人欲说罪喻

【题解】

世上本无后悔药，此生岁月只一回。故事用六个人堕入地狱后的叹息和悔意，告诫世人：善有善报，恶有恶报。今生作恶，来生就会在地狱中饱受煎熬。这样的教化方式，对于不相信六道轮回的人来说，似乎是毫无意义的"谬论"，是愚痴的"迷信"。但对于大多数善良的人来说，更愿意相信善恶有报的义理。

【经文】

昔有六人为伴，俱堕地狱中，同在一釜中，皆欲说本罪。一人言："沙"，二人言："那"，三人言："特"，四人言："涉"，五人言："姑"，六人言："陀罗"[1]。

佛见之笑，目揵连问佛："何以故笑？"

佛言："有六人为伴，俱堕地狱中，共在一釜中，各欲说本罪。汤沸涌跃，不能得再语，各一语便回下。

"一人言'沙'者，世间六十亿万岁，在泥犁中[2]为一日，何时当竟？

"第二人言'那'者，无有期，亦不知何时当得脱。

"第三人言'特'者，咄咄当用治生为，如是不能自制意。夺五家，分供养三尊[3]。愚贪无足，今悔何益。

"四人言'涉'者，言治生亦不至诚，我财产属他人，或为得苦痛。

"第五人言'姑'者，谁当保我从地狱中出，便不复犯道禁，得生天人乐者。

"第六人言'陀罗'者，是事上头，本不为心计。譬如御车，失道入邪道，折车轴。悔无所复及也。"

【注释】

[1]"沙"、"那"、"特"、"涉"、"姑"、"陀罗"：皆为六个人说话的发语词，能知道其意的只有透彻过去、现在、未来一切事的佛陀。因此，其意由佛陀一一道出。

[2]泥犁：地狱。

[3]夺五家，分供养三尊：佛教认为，世上的财富为王、贼、火、水、恶子，五家所共有，不能独有。本文意为掠夺他人财物。分供养三尊，这里指占有供养佛、法、僧的物品。

【译文】

六个人在地狱悔过的比喻故事

从前有六个人相伴，一起堕入地狱之中，同处在一口锅中，都想说出受此煎熬的罪因。第一个人说了声"沙"，第二个人说了声"那"，第三个人说了声"特"，第四个人说了声"涉"，第五个人说了声"姑"，第六个人说了声"陀罗"。

佛陀听见后哑然失笑，身旁号称"神通第一"的弟子目犍连不解地问佛陀："您为何笑了起来？"

佛陀说:"有六个人相伴,一起堕入地狱之中,同在一口锅中,都想说出受此煎熬的罪因。但由于油锅沸腾,不等把话说完,每人只说了一句就被淹没了。

"第一个说'沙'的人,是要说世间的六十亿万年,在地狱中才是一天,不知何时才能结束这种煎熬?

"第二个说'那'的人,想说遥遥无期,不知道何时才能解脱。

"第三个说'特'的人,感叹自己在前生,应当好好过日子,然而却如此不能自我节制,掠夺他人财富,侵占供养佛、法、僧的物品。愚昧贪婪不知满足,现在后悔又有何用?

"第四个说'涉'的人,是说由于我的不诚信,所得的财产都归属了他人,落得个痛苦的结果。

"第五个说'姑'的人,要说的是谁能把我从地狱救出,我就再也不会违反律法,从而往生快乐的天界。

"第六个说'陀罗'的人,是说我好意气用事,不计后果。好比驾车误入歧途,断了车轴,真是后悔莫及。"

【辨析】

这个故事是佛陀对在地狱中备受煎熬的六个人的内心世界和愿望的解读。其表达方式是十分独特的。所描述的虽是地狱中的惨况,但仍然是对现实生活的一种深刻而曲折的反映。结束地狱中苦难的期盼,后悔贪婪和不诚信,以及违律与意气用事的悔过。凡此种种,都充满了教化众生的意味。

佛教通过让众生直面世界、直面人生,加强对人生的深刻反思,进而洞彻人生的真谛,在生活中感受生命,感悟无处不在的对精神世界进行改造的美好。这充分显示了佛教的引导性特征。而佛教对人心灵的引导性,既体现在理论建树上,更落实在实践之中,如净土思想的引导性特征尤为明显。

第一，由于净土宗强调信奉佛法，在修行上只要一心念"阿弥陀佛"，表示皈依净土，无论长幼尊卑、贫富贵贱，皆可往生西方极乐世界，从而深入民心，被民众接受，因此法脉传承源远流长。

第二，虽然在佛教的净土世界中，有着各种各样的净土类型，如阿閦佛净土、弥勒净土、文殊净土、药师净土、唯心净土，但大多数人向往往生西方极乐世界。因为西方净土，是信仰主义者最后的归宿，也是对现实人生的终极关怀。追求理想、追求完美，这是人类最宝贵的品格。在中国传统文化中，尤其是儒家思想里缺乏对于人生归宿的告慰。而人是需要心灵抚慰的，佛教的净土思想补充了中国文化中的缺失，表现了一切善良的人，一切辛勤劳作了一生、苦难了一生的民众的终极渴求，给了他们一个充满阳光、和平喜乐的允诺，让他们在充满法喜安详的期待中闭上双眼，和这婆娑世界做最后的告别，给自己的一生画上一个祥和的句号。

第三，"西方净土"世界是佛教的理想世界，同样反映了世俗社会的愿望。"西天净土世界"被描绘得美妙无比。那是珍美无比的用七重珍宝、七层网络、七排宝树环绕的世界。那里有七种珍宝修砌的水池，甘泉清冽、甜爽润滑，取之不尽，用之不竭；那里的道路、楼阁亭台，都是用奇珍异宝铺就和装饰的，流光溢彩，富丽堂皇。水中的莲花，光芒四射、清香扑鼻；极乐世界时时都奏响着天籁般的妙音，散落花雨，人们在清晨捧着美丽的鲜花来供佛；人们尽情地享用着精美的佳肴，衣食无忧；百鸟争鸣，妙音鸟、共命鸟、比翼鸟婉转的歌喉在吟唱；人们有无尽的岁月，得无量光和无量寿。所有的一切，无不尽善尽美，令人惊羡不已！我们的一切努力，难道不是为了创造一个共同富裕、平安喜乐的世界吗？因此，极乐世界的描绘，表现了信仰主义者的理想和追求，闪耀着人类追求美好未来的思想光辉。彼岸的极乐世界，是对现实苦难世界的否定，是对人间不平的批判。

　　第四，佛教世间法的理论，也为中国佛教创立人间净土的思想和实践提供了依据。佛教在长期的发展过程中，不断地与中国的民风民情相适应，从"法建世间"到当代"人间佛教"的理念，就是把佛教教义的基本精神"众善奉行"落实到人们的社会生活中，拉近了信仰者与社会、大众的距离，为佛教的发展带来了动力，为社会的和谐进步，提供了思想文化资源。

五十五

舍利弗得宝喻

【题解】

本篇通过佛陀告诉舍利弗,他所知道的菩萨境地"阿惟越",对于如纯紫金摩尼珠"佛地"来说,犹如铅锡一般。以此比喻佛地的境界,告诫弟子不要自以为有所成就而故步自封。

【经文】

昔佛遣舍利弗,西至维卫庄严刹土[1]。问讯彼佛三事:佛身安隐不?说法如常不?受者增进不?舍利弗即承佛威神,往诣彼刹,宣令如是。彼佛报言:"皆悉安隐。"于时彼佛,转阿惟越致轮[2],为七住菩萨[3]说法。舍利弗闻之,从彼刹还。姿色光明,行步胜常。

佛告舍利弗:"汝到彼,何故佽[4]步怡悦如是?"舍利弗白佛言:"譬如贫家饥冻之人,得大珍宝如须弥山,宁欢喜不?"

佛言:"甚善。"舍利弗言:"我到彼刹,得闻彼佛,说阿惟越致深奥之事,是以欣踊,不能自胜。"

佛言:"善哉,如汝所言。"

佛语舍利弗:"譬如长者,大迦罗越[5]。纯以紫磨金摩尼珠[6]为宝。内有扫除，铜、铁、铅、锡，弃在于外粪壤之中。有贫匮者，喜得持归。言：'我大得迦罗越宝。'宁是长者珍妙宝非？"答言："非也。"

佛语舍利弗："汝所闻得，如是贫者。彼佛所说，但十住事[7]，及在举中清净之者。汝所闻者，不足言耳。"舍利弗即愁毒，如言："我谓得宝，反是铅锡。"舍利弗说是事时，无央数人，皆发无上平等度意。无央数人，得阿惟颜住[8]也。

【注释】

［1］西至维卫庄严刹土：维卫，指胜观佛。刹土，佛国、佛土。意为到西方过去七佛中的第一佛胜观佛所在的庄严佛国。

［2］转阿惟越致轮：转轮，喻词，指佛法如轮，转动前行，如法轮。阿惟越致，指菩萨阶位，意为不退转。

［3］七住菩萨：菩萨十住之七，亦即不退转。

［4］侅（gāi）：非常、特殊。侅步，本文指兴高采烈的样子。

［5］大迦罗越：大居士，指在家修行，持十戒的佛弟子。

［6］摩尼珠：如意宝珠。

［7］十住事：菩萨修行的十处阶位、阶段。

［8］阿惟颜住：梵文音译，意为候补佛的佛果，又称弥勒菩萨、弥勒佛。

【译文】

佛弟子舍利弗得宝的比喻

从前，佛陀派弟子舍利弗，到西方过去七佛中的胜观佛所住持的庄严佛土，向胜观佛问询三件事：胜观佛的身体安好不？说法是否如常？接受佛法的人有没有进步？舍利弗秉承佛陀的威力神通，来到佛国，传达佛陀的问候。过去佛回答说："一切都安好。"当时过去佛，正转动法轮，为有成就的证悟者解说不退转的菩萨境界。舍利弗闻听了法理，从西方佛土回来。他容光焕发，步履轻快胜过往常。

佛陀对舍利弗说："你到佛国，为何步履轻快容光焕发？"舍利弗回答说："譬如一家饥寒交迫的人，得到如须弥山大的珍宝，能不欢喜吗？"

佛陀说："很好。"舍利弗说："我到佛国，听到了过去佛解说菩萨不退转境地深奥的义理。因此欣喜雀跃，不能自制。"

佛陀说："很好，正如你所说的那样。"

佛陀对舍利弗说："好比有年长的人，是富有的居士。他以纯正的紫金和如意宝珠为珍宝，家里大扫除时，把铜、铁、铅、锡丢弃在门外的粪土之中。被贫穷的人，欢喜地捡回家。说：'我得到了大富翁的珍宝。'"这真的是居士家的珍宝吗？舍利弗回答："不是。"

佛陀对舍利弗说："你所听到的，正如贫穷的捡宝人一样。过去佛所说的，只是有关菩萨修行的十个阶位，以及举国之中证得清净之人。你所听到的，对佛国来说是微不足道的。"舍利弗听了即刻满面愁容，他说："我所谓的宝，其实只是如铅、锡一样。"舍利弗说这件事的时候，无数的人，都生发了无上平等度一切众生的意愿，无数的人，都证悟了佛果。

【辨析】

《旧杂譬喻经》中的这一部分内容，已经明确地表达出了大乘佛教菩萨境地的思想。对于佛陀十大弟子中只有阿罗汉果的人来说，无疑是一种缺憾。菩萨信仰是大乘佛教的重要标志，其核心内容是，不再把个人的解脱作为修行的目的，而是把众生的解脱作为自己修行佛理的宏愿。

本篇的说教，主要是针对出家修行的证悟者。佛陀通过如意宝珠和铅锡的比喻，对弟子们提出了更高的要求，这也是佛陀发自内心的期盼，即希望弟子们不要满足于个人的证悟和解脱，这只是捡到了"铅锡"。只有让一切众生都生发无上平等正觉的佛心，都能从此岸世界度脱到清静的佛国净土，才算是得到了真正的"摩尼宝珠"。

五十六

如来法眼喻

【题解】

本篇是佛教经典中对佛陀神通之一,即"天眼通"的描绘。对这种超人间能力的具体描述,极大地开阔了人们的视野,表现了佛教的广大世界。字里行间,能使人体悟出:"如来法眼观天下,过去未来无疏遗"的寓意。

【经文】

昔摩诃目揵连坐于树下,自试道眼,见八千佛刹。意自念言:"如来所见,尚不如我。"作师子步,行诣佛所。

佛告目连:"汝声闻种,今者何故作师子步?"目连白佛:"我自所见八方[1]面,八千佛刹。想佛所视,又不如我,故师子步。"

佛言:"善哉,目连,所见广大乃尔。"

佛告目连:"譬如灯明,比方摩尼,相去甚多。"

佛言:"我眼所见,十方各如十恒沙刹。一沙,为一佛刹。尽见其中所有一切。有从兜术天来,入母腹中者,及有生者,有出家行学道者,有降伏魔者,有释梵来劝助者,有转法轮一切说法者,有欲般泥洹者,有已般泥洹,烧舍利者。如是等辈,不可计数。我持是眼，悉已见之。"佛放眉间毫相之光，彻照上方。放身中光，遍照八隅。放足下光明，洞照下方各百千刹。应时十方诸刹，六反震动[2]。其大光明无所罣碍[3]。时目揵连，即于佛前，见无央数千恒沙无边刹。其中所有，如佛前说。白佛言："佛属所说，十恒沙刹，今佛所现，乃尔所乎？"

佛语目连："用汝不信，故小说耳。今我所现，如是之比，不可胜计。"摩诃目揵连闻说是事，身即躄地[4]，如大山崩，举声大哭："我忆知佛，有是功德，今方如此。宁令我身，入大泥犁。右胁见者，过于百劫，不取罗汉。"

目连便言："诸在会者，世尊说我：'神足第一'，尚不足言。所作功德，不及知此。何况未有所得者耶？发心所作，当志如佛。莫得效我，化为败种。一切会者，龙、神、人民，无央数千，皆发无上平等度意。发大道心者，即得阿惟越致。已得不退转者，皆悉逮得阿惟颜住也。"

【注释】

[1] 八方：东、南、西、北为四方，东南、东北、西南、西北为四维，合称八方。如加上、下，则称十方。

[2] 六反震动：六种震动，即东、西、南、北、边、中六处；动、涌、震、击、吼、爆六状。

[3] 罣（guà）碍：罣，同"挂"，牵挂。罣碍，心无牵挂。

[4] 躄（bì）地：躄，跛脚，止步不前。躄地，本处指扑倒在地。

【译文】

如来法眼无边的比喻故事

从前佛弟子大目揵连坐在树下，自己试着运用"天眼通"，看见了八千个佛国。他心里想："佛陀所能看见的，恐怕还不如我。"于是如雄狮般昂首阔步，来到了佛陀的住所。

佛陀对目揵连说："你只是声闻、缘觉、菩萨三乘佛法中的声闻乘，今天为何如雄狮般地昂首阔步，目空一切？"目揵连回答："我以自己的神通看见了八个方位的八千处佛国。想来佛陀您所能看见的，也不如我多，因此作狮子步。"

佛陀说："是啊，目揵连，你所见的广大不过如此。"

佛陀对目揵连说："这就好比一盏灯的光明，比起光照十方的如意宝珠来说，相差得太远了。"

佛陀说："我眼所能看见的，十方世界中都有如十条恒河沙数一样多的佛国。其中一粒沙，就是一个佛国。能看见这些佛国中所有的一切。有从欲界六天中来投生到母腹中的人，以及刚出生的人，有出家修行的学佛者，有降伏心魔的人，有天王来劝说和救助的人，有弘扬佛法的人，有将要涅槃的人，有已经涅槃正在烧取舍利子的人。这样的事，多得不计其数。我用我的法眼，都可以看见。"这时，佛陀眉宇之间放射出的光芒，照亮了上方，身体放射的光芒，遍照了八方，足下放射出的光明，照亮了下方成百上千个佛国。于是十方世界的国土，即刻产生了六种震动。佛陀的光明照亮了一切，毫无阻碍。这时目揵连，就在佛陀的跟前。见到了难以计数的成千上万条恒河沙数的无边无际的国土。其中的一切情景，正如佛陀所说。目揵连对佛陀说："佛陀所说的，十条恒河沙数的国土，今天在佛陀这里显现的，就是所有的吗？"

佛陀对目揵连说："恐怕你不信，因此简单说一下。像今天我所显现的这样的世界，是不可计数的。"大目揵连听了佛陀的话后，身体立即扑倒在地，如大山崩塌，放声大哭道："我心知佛陀有这样的功德，但今天才知道事实。这会让我此身，坠入大地狱。作为佛陀的弟子，即使过一百劫数这样漫长的岁月，我也得不到阿罗汉的佛果。"

目揵连说:"各位与会者,佛陀曾称我'神通第一',其实不足称道。我所做的功德,也还达不到。更何况还有许多没有证悟的佛理呢?要发心进取,立志学佛。不要仿效我,成为颓败者。一切与会者,天龙八部、天神、各方人民,千千万万的人,皆发无上平等正觉的心愿,发光大的佛心者,就能证悟菩萨道果。不再退转的人,都能证得佛果。"

【辨析】

这篇比喻故事表现手法和思想认识都有独特之处。可以概括为以下几个方面:

首先,以生动传神之笔,多角度、全方位地描写人物。既有惟妙惟肖的情态描写,又有人物的所见、所想、所做,以及对话情景的描写,抑扬跌宕,引人入胜。如写目揵连坐在树下的所见:八千个佛国。所想:佛陀能看见的,恐怕还不如我。所为:如雄狮般地昂首阔步,目空一切地自负来到佛陀的住所。这时的目揵连是何等的骄傲,大有普天之下,谁人如我的气概。但当佛陀用法眼让目揵连看到十方世界中,如十条恒河沙数一样多的佛国时,其所见:一粒沙,就是一个佛国,并且告诉他:像这样的世界,是不可计数的。其所为:身体立即扑倒在地,如大山崩塌,放声大哭。其所言:我心知佛陀,有这样的功德,但今天才知道是事实。这会让我此身,坠入大地狱。作为佛陀的侍者,即使过一百劫数这样漫长的岁月,我也得不到阿罗汉的佛果。这种出神入化的描绘,不得不令人击节赞赏。

这里一方面通过对比写出了目揵连前后的种种表现:前者是"狮子步",后者是"身即躄地,如大山崩,举声大哭";前者是"如来所见,尚不如我"的自负,后者成"莫得效我,化为败种"的愧悔。真是绘声绘色、神情兼备,使人有如临其境之感。另一方面，又通过目揵连认识的浅陋和神力的有限来烘托和表现佛陀的伟力和神奇。

阅读此篇，不由得使人想到了庄子《秋水》中河伯与海若的对话。河伯在有限的环境里，自以为"天下之美尽在己"。至于北海，看到了大海的浩淼无边，才认识到自己的渺小，自叹不如。再如"孔子登东山而小鲁，登泰山而小天下"，都是寓哲理于形象之中，与本文有异曲同工之妙。

其次，多重比喻的运用，也使经文大为增色，瑰丽无比。如"譬如灯明，比方摩尼，相去甚多"，把一灯之明，和光照十方世界的摩尼珠之光对比，既把"小"与"弱"和"大"与"强"进行了对比，又烘托出一己之心志，和如来法力相去甚远的喻义，更反映出了"如来光明照大千"的喻理。

另外，对光的描述，具体细致，极尽铺排渲染。如"灯明"、"如意珠光"、"毫光"、"中光"、"足下光明"等，不仅让人深切地感受到佛光普照的神奇和壮观，也使文章气韵飞动，熠熠生辉。

在表现佛陀对世界的认识上，使用了大量的"数词"，如"八方面"、"八千佛刹"、"十方"、"十方诸刹"、"十恒沙刹"、"无央数"、"一沙"、"一佛刹"。这些数量词的使用，充分展现了佛教无边无量的广大世界，暗喻着心有多大，世界就有多大的佛理。将佛教"万法唯心"的思想发挥得淋漓尽致。

五十七

龙王与佛斗法喻

【题解】

佛教比喻故事中,很少有佛陀与邪魔外道、恶鬼毒龙面对面直接斗法的场面。通常都是在义理和教义上进行激烈辩论和理论交锋。本文写的是一万罗汉,不敌恶龙法力,于是佛陀亲率一万菩萨、一万罗汉赴阵,收服恶龙的情景。

全文围绕佛、菩萨、罗汉,龙王、龙子展开,蕴含的是佛法无边,回头是岸的喻理。佛陀驭龙的故事本身,就是向人们熟知的"龙"崇拜的挑战,表现了佛教在思想认识上的高度自信。

【经文】

昔有龙王,名曰拔抵。威神广远,多所感动。志性急憋,数为暴虐。多合龙共,为非法风雨、霹雳、雹,杀人民、鸟兽、蠕动,积无央数。

有尊罗汉万人,自共议言:"若杀一人,堕地狱一劫,百偿死罪,犹故不毕。今者此龙,残害众生,前后不訾。遂尔不休,转恐难度。幸当共往,谏止之耳。"

时佛知之,赞言:"善哉,汝等出家,求无为道,欲救一切危厄之命。度有罪者，大快当尔，是为报恩。"

时诸罗汉，自相谓言："不足，乃使万人俱行。"于是一人各各更往。辄被厄害，不能自前。还相谓言："虽独行不能降化屈折此龙，使改为善。当更合会，万人功德。"俱时共行，即都复往。

龙放风雨、雷雹、霹雳，万人惊怖，不知所至。逆为所辱，顿伏来还。阿难白佛："此龙，残杀乃尔所人及诸畜兽。其罪大多，已不可计。今复加雹，怖万罗汉。雨其衣被，状如溺人。其罪深大，叵复胜计。"

是时，佛在耆阇崛山[1]，与万菩萨、万罗汉俱，往诣异山到龙止所。龙便瞋恚，兴暴雨［泳－永＋祟］[2]，雷雹霹雳。其放一雹，令辟方四十丈。若至地者，入地四尺。欲以害佛及菩萨僧。时雹适下，住于空中，化成天花。佛放光明，广有所照。诸在山中射猎行者，遭值云雨，窈冥迷惑，不识东西。合万余人皆寻光，来诣佛所住。龙复霹雳，放下大石，方四十丈。若石至地者，陷入地中当四十丈。石于佛上，与前华合化成华盖。小龙雹石，各方一丈，亦皆如是。前诸罗汉，见龙灾变。各怀恐怖，前依近佛。龙于云间，自见雹石化为花盖，悬于虚空而不下至。复自念言："我当以身坚自蟠结，令四十丈，欲以澎佛及众僧上。"即时自扑，无所能中。遍身毒痛，倒地甚久。举头开目，仰视见佛："我之所为皆不如意，疑是尊妙无上神人。"于是小龙而皆自扑，无所动摇。龙王是时即便命尽，上生为天。诸余小龙，亦皆并命得作天子。皆悉来下，住于佛边。

佛告阿难："汝知是天所从生不？"对曰："不及。"佛言："属者诸龙兴恶意者，汝言罪大不可胜计，自扑在地，发一善心，知佛为尊。命尽为天，此者是也。"天闻佛言，及诸天子，皆发无上平等度意。是时猎人诸在山中，来诣佛者。皆自念言："此龙之罪，尚得解脱。我之所害，方之此龙，盖亦无几。"欲发道意，心尚犹豫。

佛告阿难："此万罗汉，欲度诸罪，力所不任。若无我者，为龙所制，不能度恶，还益其罪。欲度一切，当先禅定，思惟可度，然后乃行。汝等不能度者，怛萨阿竭[3]，能度不度。"是时猎人闻说如是，皆发无上平等度意。天龙、人民其在会者，佛为说经，皆得阿惟越致。

昔龙王拔抵与释迦文佛[4]，共为婆罗门。拔抵弟子时有万人，见释迦文为人才，猛舍其师事释迦文。拔抵怀恚，罪至为龙。佛德既成，多度一切，弟子万人皆得罗汉。龙恶遂盛，广欲为害。万人愍伤，故欲往度。曾为师故，四道[5]虽足，犹受其辱。若为菩萨，龙欲加恶，终不敢也。

【注释】

[1] 耆阇崛（qí shé jué）山：梵文音译，意译为灵鹫山、灵山。位于中印度摩揭陀国首都王舍城东北侧，为著名的佛陀说法之地。其山名一说以山顶形状类于鹫鸟，还有说因山顶栖有众多鹫鸟，故称。摩揭陀国频婆娑罗王在此曾大兴土木，今有石为阶，自山腰至山顶。山顶有佛陀昔日说法台，仅存红砖墙基。有佛教古迹多处，如提婆达多投石击佛处、佛陀与舍利弗等诸声闻入定石室、阿难遭受魔王扰乱之处、佛陀宣说法华、大品般若经等处。玄奘《大唐西域记·卷九》对此山有记载。

[2] [泳-永+崇]："溁"，此为古今皆无的异体字，意为暴风疾雨状。

[3] 怛萨阿竭：梵文音译，意为如来，为佛陀名号之一。

[4] 释迦文佛：佛陀的别名。

[5] 四道：通向涅槃的四种道路：加行、无间、解脱、胜进，也是菩萨乘的阶位。

【译文】

龙王和佛陀较量的比喻故事

从前有一个龙王，名叫拔抵。威力神通广大，经常意气用事。他性情急躁，多次行为暴虐。常和群龙共舞，兴灾害的风雨、雷霆、冰雹残害人民，鸟兽昆虫，也都受害无数。

有成就了罗汉的万人，集体商议说："如杀一人，堕入地狱数十亿年。百次以死抵罪，不能完结。今天龙王，残害众生，前后无法计算，至今仍未停止，恐难以度脱。我们一起前往，劝阻制止他。"

佛陀知道了这件事，称赞说："很好，你们出家人，求无上道果，想救一切危难的生命。度脱有罪的人，大快人心，这是报佛恩。"

当时罗汉们相互商议说："还不足以使我们万人一起去。"于是每个人分别前去。但都被龙王阻遏，不能如愿前去。回来后相互商议说："各自前去不能降伏龙王，迫使他向善。应当会合在一起，万人同做去恶功德。"大家共同行动，再次前去降龙。

龙王施放急风暴雨、冰雹雷霆，万人惊恐不已，不知如何应对。反被龙王羞辱，懊丧地返回。阿难对佛陀说："这龙王，残杀众多的人和动物，罪大恶极，不可胜数。现在又用冰雹，惊吓了万名罗汉。还用暴雨打湿了他们的衣服，狼狈的状况就如溺水的人一样。其罪恶深重，难以计算。"

这时，佛陀在灵山与万名菩萨、万名罗汉会合，一起经过崇山峻岭来到龙王的住处。龙王知道后十分愤怒，兴起狂风暴雨，雷电冰雹。施放的冰雹，大到四十丈。如果砸到地上，能使地陷四尺。要加害佛陀以及菩萨和僧人。此时下的冰雹，停于空中，散化成天花。佛陀大放光明，光照天际。许多在山中打猎的人，忽遭风雨，天阴暗迷路，不辨东西。有一万多人跟着光亮，来到佛陀所在的地方。龙王又雷鸣电闪，放下大石头，有四十丈大小。如果巨石落地，能砸入地下四十丈深。巨石在佛陀的头上，与前面的天花汇合成天花形成的伞盖。小龙施放的冰雹，有一丈大小，也化成了天花形成的伞盖。先前的罗汉们，见到龙王变化的灾害，都心怀恐惧，向佛陀靠近。龙王在云端看见自己的冰雹形成的巨石化为天花形成的伞盖，高悬在空中不落下来。就自言自语地说："我应当以身体形成盘龙，大到四十丈，冲向佛陀和僧人的头上。"随即扑了下来，没能砸中。摔得浑身剧痛，倒地不起。龙王抬起头睁开眼睛，仰视着佛陀。说："我之所以不能随意加害于你，恐怕遇上了无上尊贵的神人了。"于是小龙们也仿效龙王扑向佛陀，都无法撼动佛陀。龙王这时随即命终，往生到天界。各位小龙也命终做了天子。都一起下来，到佛陀的身边。

　　佛陀问阿难："你知道这些天神，从何处转生？"阿难回答："不知道。"佛陀说："这些龙，兴起作恶。你说罪大恶极，不可计数，自己扑倒地上，但发出了一个善心，知道佛陀为天地至尊。其命终时往生为天神，就是这个原因。"天神听了佛陀的话，以及各位天子都生发出无上平等正觉的佛意。这时打猎的人，也从山中来到佛陀的面前，都心想着："龙王的大罪，都可以得到解脱。我所加害的生灵，比起龙王，算不了什么。"有向善的佛心，但还在犹豫之中。

　　佛陀对阿难说："这万名罗汉要度脱各种罪恶的生灵，但力不能及。如果没有我，就会被龙王制伏，不能度脱罪恶，还会加重其罪。要度脱一切众生，应当先修行禅定，领悟佛理，然后才能践行。你们不能度脱的生灵，如来法力能度其他人不能度脱的生灵。"那时猎人们听了佛陀的话，都生无上平等的佛心。天龙、与会的人们，经佛陀说法后，都证得了菩萨果位。

　　过去龙王拔抵与佛陀，都是婆罗门的传教者。拔抵当时的弟子有万人，弟子们见佛陀为人杰，都舍弃其师跟从了佛陀。拔抵心怀怨恨，因罪变为龙身。佛陀成道后，度脱一切生灵，跟随的弟子万人都证得罗汉果。龙的罪恶越发深重，为害深广。其原来的万人弟子心中哀愍悲伤，因此想度脱龙王。由于龙王曾为他们的老师，虽然他们通达了证悟涅槃的法门，还是受到了龙王的羞辱。如果证悟了菩萨道果，龙王即使要加害，也不敢作为了。

【辨析】

这个比喻故事所塑造的一系列人与神的形象，大体上可以分为三类：

第一类，龙王和龙子们。这是具有神的意志和力量的群体，以龙王为代表。龙王这一形象，在古代的中国和印度，都被赋予了主司呼风唤雨、雷霆闪电的法力。同时，也主宰百姓生活，能使风调雨顺、五谷丰登。但在现实的生活中，人们常常遭受着旱涝灾害，生活陷入艰难困顿。因此，"恶龙"的形象也就在人们的生活中不断地被提及。无数善良的人们，祈求着能有一个制伏"恶龙"的力量，佛陀制伏"恶龙"的故事，就是这种愿望的表现。

故事中龙的形象塑造得十分丰满，除了赋予它民间传说中的神通之外，还具有人的精神世界和情感特征。既详细介绍了龙的前缘，又具体述说了其现在的恶行，最后还交代了龙王和龙子的归宿。这些都使读者形成了完整而鲜明的神灵形象。

第二类，佛陀和菩萨。这一组是代表着正义和善良的、具有强烈信仰倾向的悟道者的形象。佛陀以及弟子的善良，是通过与龙王的所作所为进行比对而展现的，其代表的正义也是在与龙的恶行的对比中形成的。

佛陀和龙王斗法的细致描写，用龙的神通和威力，烘托出佛陀的无比法力。其中巨雹化为"天花"与"华盖"的叙述，充满了美丽和神奇的想象,其形象神圣、宏大和华美。其中,罪孽深重的龙王和龙子,死后竟然化为"天神"与"天子"的善缘,是由于龙王在临终时,认识到"佛陀为天地至尊",从而得以到天界。这无疑是故事中"佛法无边"寓意的渲染,对显示佛陀的慈悲大度,度一切众生灵的法愿,起到了"画龙点睛"的功效。

对菩萨的介绍,虽只有"若为菩萨,龙欲加恶,终不敢也"一句,但从中已经可以看出印度佛学,从部派佛教逐渐走向大乘佛教的轨迹。大乘菩萨信仰已经开始形成。

第三类,罗汉和猎人。故事中的罗汉,是证悟了佛陀义理的弟子们,他们有善心、怜悯心,但法力有限。用"万名罗汉之力"不及"佛陀一己之力",也同样在对比中,衬托出"佛法无边"的喻义来。至于"猎人",则是佛陀和弟子们度化的对象,是由杀生者转化成修道者的"芸芸众生"。

五十八

文殊菩萨善度喻

【题解】

大乘佛教的造像中,掌管智慧的文殊,头顶结有五髻,表示五智,即法界体性智、大圆镜智、平等性智、妙观察智、成所作智;手中持剑,表示能断除众生一切烦恼;骑着狮子,代表着智慧的威猛和无敌。菩萨信仰的形成,标志着印度佛教由早期佛教过渡到部派佛教,从部派佛教逐渐发展到大乘佛教。本经中,已经显示出菩萨道果高于罗汉的喻理。

【经文】

昔有一国,人民炽盛。男女大小,广为诸恶。性行刚憋,凶暴难化,佛将弟子到其邻国,五百罗汉,心自贡高[1]。

摩诃目揵连前白佛言:"我欲诣彼,度诸人民。"佛即听之,往说经道。言:"当为善。若为众诸恶,其罪难测。"覆一国人,皆共挞骂[2],不从其教。于是复还。舍利弗谓目揵连:"欲教诸人,当以智慧,如更见毁。"

舍利弗白佛:"我欲诣彼,劝度人民。"佛复听往,为说教戒。复不从用,而被唾辱。摩诃迦叶及尊弟子,合五百人,以次遍往。不能度之，咸见轻毁。

阿难白佛："彼国人恶，不受善教，多所折辱。辱一罗汉，其罪不訾。况乃违戾，尔所人教。当获重罪，虚空不容。"佛言："此罪虽为深重，菩萨视之，静为无罪。"

佛遣文殊师利[3]，往度脱之。即到其国都，赞叹言："贤者所为，何乃快耶。"诣其王所，皆面称誉。各令大小人人闻知。言某勇健，某复仁孝，某有胆慧。随其所在，应意叹誉。皆欢喜，不能自胜。言："此大人所说神妙，知我志操，何一快善。"众人各持金宝香花，散菩萨上。咸持好叠、锦彩衣服、甘脆美味、饮食肴膳，供奉菩萨。皆发无上平等度意。

文殊师利谓人民曰："汝供养我，不如与我师。我师名佛，可往共供之，福倍无量。"一切甚悦，随文殊师利，往诣佛所。佛为说经，应时即得阿惟越致。三千国土，为大震动；山林树木，皆赞言［口＊蔡］[4]："文殊师利，善度如是。"

佛告阿难："深大之罪，今为所在？"五百罗汉，躄地泪出："菩萨威神，所化如是。何况如来，可复称说耶？我为败种，无益一切也。"

【注释】

[1] 心自贡高：自视高贵，贡高，傲慢、高傲。

[2] 挝（zhuā）骂：挝，打，敲打。挝骂，打骂。

[3] 文殊师利：简称文殊菩萨。文殊，是美妙的意思。师利，为吉祥。文殊师利，即"妙德"、"妙吉祥"的统称，意为德无不圆，累无不尽。

[4] ［口＊蔡］：古今皆无的异体字。全句可为"皆赞叹言"。

【译文】

文殊菩萨善于度化众生的比喻故事

从前有一个国家，民风强悍。男女老少，都有恶行。性格刚烈，凶悍暴躁难以度化。佛陀派弟子到其邻国，有五百罗汉，都自视高贵。

"神通第一"的大目揵连到佛陀面前说："我去这个国家，度化那里的人民。"佛陀听后，同意他去讲经传法。对他说："应当以善为本，如果助众为恶，其罪难以测度。"这一国的人，都辱骂目揵连，不听其教化。于是，目揵连只好回来。"智慧第一"的舍利弗对目揵连说："要教化别人，应当用智慧，否则会受到诋毁。"

舍利弗对佛陀说："我去这个国家，劝说和度化那里的人民。"佛陀也同意他前往，为人们解说教义和戒律。结果照样不被接受，遭到唾弃和羞辱。"头陀第一"的弟子大迦叶以及佛弟子，前后五百人都去了。不能度化他们，都受到轻蔑和诋毁。

"多闻第一"的阿难对佛陀说："这个国家的人凶恶，不接受善的教化，许多佛弟子都受到羞辱。羞辱一位罗汉，其罪不轻。何况如此无理，羞辱了所有去的人。应当得到的重罪，天地不容。"佛陀回答："此罪虽然深重，但在菩萨看来，视之为无罪。"

佛陀派"德之首"的文殊菩萨前往度化。文殊一到这个国家都城，就赞叹说："你们的行为，让人感到何等的快活。"拜访国王，也当面称赞。无论男女老少，让他们人人都知道。文殊菩萨说某人勇敢刚健，某人仁爱孝顺，某人有胆识和智慧。随时随地，都注意赞扬人们。大家都很高兴，喜不自胜。人们都说："这位证悟者所说的神奇美妙，了解我们的心智和操守，这是多么令人愉快的事啊!"大家都纷纷拿着金银珠宝、各色香花,撒在文殊菩萨的讲坛上。还带来了上好的细布、锦缎的衣服、甜美的鲜果、丰盛的佳肴,供奉文殊菩萨。人人都生发出无上平等正觉的佛心。

文殊菩萨对人们说:"你们供养我,不如供养我的老师。我的老师名叫佛陀,可和我一起去供奉,其福倍增,而且福德无量。"大家都十分喜悦,随文殊菩萨一起拜会佛陀。佛陀为他们讲经,都证得罗汉果。三千大千世界都为之震动;山林树木也发出赞叹:"文殊菩萨,多么善于度化众生啊!"

佛陀对阿难说:"深重广大的罪恶,现在还有吗?"五百佛弟子,都伏地流下惭愧的眼泪,说:"菩萨度化的威德和神力,尚且如此,何况佛陀,又怎么来称赞呢?我们自以为是的种种行为,无益于教化一切众生。"

【辨析】

文殊菩萨被佛弟子尊为"德之首"。山西五台山是闻名遐迩的佛教圣地,为中国佛教四大名山之首,已被列入《世界遗产名录》。这里是持续了一千六百余年的文殊信仰中心,因为中国佛教认为五台山是文殊菩萨的修行道场,是其显相、说法的地方。从北魏至今,佛教塔院林立,青黄二庙共处(青庙为汉传佛寺,黄庙主要为藏传佛寺),约一百二十座,构成了东亚乃至世界现存最庞大的佛教古建群,成为"亚洲最具文化特色名胜区"和国际性佛教道场。

本文对文殊菩萨的描述,是通过和佛陀弟子的对比来完成的。以"神通第一"的大目犍连、"智慧第一"的舍利弗、"头陀第一"的大迦叶、"多闻第一"的阿难,以及众多罗汉的束手无策,备受羞辱,来烘托出文殊菩萨的"妙德"。具备这种德行的关键在于,要度化人,首先要学会尊重人。"心自贡高"的五百罗汉,自以为是地指手画脚，只能在传教的实践中，受到诋毁；而"神通"、"智慧"、"头陀"这些方法固然重要，但都不是最根本、最有效的；只有以善心为要，德化在先，才是度人的法宝。这个故事，集中体现了"教化善为本，度人德在先"的喻理。其对修行者德行的高度关注，以德为本的理念，这对我们今天从事教育工作的人来说，具有很好的借鉴意义。

五十九

佛说法喻

【题解】

用已知来证明未知,用日常生活现象来证明在现实生活中无法证实也无法证伪的事物,是佛教论理喻事的一大特点。本文就通过比喻,为读者展现了一个五彩缤纷、无比神奇美妙的佛世界。这一世界是信仰者心中的世界,也为世人造就了一个温馨的精神家园,给人以心灵的归属感。它所产生的精神效应是不可估量的。

【经文】

昔佛坐树下时,佛为无央数人说法。中有得须陀洹、有斯陀含、有阿那含、有得罗汉者,如是之等,不可计数。时佛面色,无有精光,状类如愁。阿难深知佛意,长跪白佛:"礼侍佛八年,未曾见佛尊颜无有光明如今日也。有何变应,令佛如此?今日谁有失大行者?谁有为恶堕地狱者?谁有离远本际者耶?"

佛告阿难:"譬如商客,多持珍宝及数千万,远行求利。道逢盗贼,亡失财宝。其身裸住无以自活。宁愁忧不?"阿难白佛:"其愁甚剧。"

佛告阿难："我从无数劫来，勤苦为道，欲救度一切人民，皆令得佛。我今已为自得作佛。而无一人，作功德者。是以不乐，身色为变。"阿难白佛："今佛弟子，有得罗汉，已过去者、今现在住、及当来者，不可计数。有得阿那含、斯陀含、须陀洹，亦尔叵计。云何无因功德度者？"

佛告阿难："譬老公妪，生十数女。当能典家，成门户不？"阿难言："不能也。"佛言："虽有罗汉无央数千，因我法生，犹非我子。会亦不能坐佛树下故。譬如生女，虽为众多，行嫁适人，公妪孤独，我亦如是。"时佛涕泣，堕三渧泪。三千世界，为大震动。无央数天、龙、神、人民，皆发无上平等度意。应时佛面，端正悦好。无数光明，千亿万变，十方彻照，倍异于常。其见光者，无不蒙度。阿难白佛："何以重光神变，妙好乃如是？"

佛告阿难："如老公妪，祠天祷地，求索子姓。晚得生男，竖立门户，岂不欢喜，而自劳贺？今诸一切，发摩诃衍意，是以踊跃，佛种不绝故也。"

佛遣须摩提菩萨，上国六十亿恒沙数刹。令诣彼国，取师子座[1]，众饮食具。如伸臂顷，还来到此。严庄师子，高广之座。请诸一切，无不会者。其发无上平等度意者，皆坐自然师子千叶金莲华上座[2]。有于七宝[3]交露帐中及于七宝树下坐者，竖诸幢幡[4]，七宝为柄。天锦为幡，天缯[5]为花盖。佛应时令大千国土，变为浴池。七宝莲华，满其中生。佛自变身，现作菩萨，或复现形，如释梵四天王者，广为大檀，供养一切。万味饭食，其香广闻，十方一切。其闻食香，皆发无上平等度意；香香遍身，从毛孔出，展转复闻，毛孔之香者，亦发无上平等度意。十方无涯坻刹，为大震动。刹刹诸佛，各遣左右尊菩萨来贺。释迦文用一切，人民多发菩萨之心故也。中有持紫磨金莲花来者，有持摩尼宝莲花来者，有将明月珠莲花来者，各各持杂尊宝莲花，共散佛上。佛之威神，皆令所散合成花盖，覆遍十方，无央数刹。花盖光明，亦照诸刹。幽冥之处，恒为明。泥犁、薜荔[6]、禽兽、六畜[7]，皆发大意，咸欲求佛。佛为一切会者说经，不可计菩萨，皆得阿惟颜住。复不可计天人，得无所从生法忍[8]。复不可计龙、神、人民，得阿惟越致。复一切菩萨、和萨[9]，皆发无上平等度意。

【注释】

[1] 师子座：佛陀又称人中狮子，故所坐之处，称师子座。也泛指佛、菩萨、高僧说法时的坐席。文殊菩萨乘狮子，亦称狮子座。

[2] 上座：又称长老、首座、上首等。指僧人出家年数（法腊）较多、年长者，也是对僧人的尊称。

[3] 七宝：指七种珍宝。有不同说法，本处指紫金、白银、琉璃、水精、砗磲、珊瑚、琥珀。

[4] 幢幡：织物，幢是筒状，幡是条状。悬幢，即通知大众，有讲经说法。悬幡意为共修。

[5] 天缯（zēng）：缯，丝织品的总称。天缯，天界的锦绣。

[6] 薜荔：俗称凉粉果、木馒头。为桑科常绿攀缘或匍匐灌木植物，含乳汁。佛经中指饿鬼之总名。

[7] 六畜：即牛、羊、马、猪、狗、鸡。

[8] 从生法忍：即无生法忍，意为不生不灭的境界。

[9] 和萨：即和僧，僧众。

【译文】

佛陀说法的喻理

从前，佛陀在菩提树下为无数人说法。其中有证得罗汉道初果、二果、三果和罗汉果的人，数量之多，不可计数。这时佛陀却无精打采，面色显示出愁容。弟子阿难深切地感受到佛陀的心意，长跪在佛陀脚下对佛陀说："我侍奉佛陀八年，从未见您尊贵的面容，像今日这样无光。是什么事情，让佛陀您如此忧心？是今日有谁触犯了律法，或是有谁作恶而堕入地狱，还是有谁远离佛法？"

佛陀对阿难说："比如有商人，持有数以千万计的珍宝，远行去寻求利益。道路上遇到了强盗，丧失了财宝，赤身裸体在路上，无法存活，能不忧愁吗？"阿难回答："愁苦至极。"

佛陀对阿难说："我从无法计数的岁月来，辛勤劳苦地传道，要救度一切人们，使他们都能得到佛果。我今天虽然已经成佛，却感到并没有为一人做过功德，因此不快乐，面色变为愁容。"阿难对佛陀说："今天佛弟子证得罗汉道果的，有在过去世的、现在世的以及未来世的，多得不可计数。有证得罗汉道三果、二果、初果的人，也多得难以计数。为何说没有度人的功德？"

佛陀对阿难说："好比一对老夫妇，生了几十个女儿，能主持家务，自立门户不？"阿难回答："不能。"佛陀说："虽有无数人证得罗汉，可都是因我的教义而成就，仍然不能说是我的儿子。是他们不能坐在佛树下成就如我一样佛果的缘故。好比生了女儿，虽然人数很多，但都要嫁人，老夫妇仍然孤独，我也是如此。"这时佛陀哭泣，落了三滴泪。三千大千世界，大为震动。无数天人、天龙、神灵、人民，都生发出无上平等正觉的佛心。此时佛陀的面色，端庄喜悦。光芒无数，变幻无穷，光明无限，彻底照亮了十方世界，比平常光亮了几倍。受佛光普照的人，没有不蒙受度脱的。阿难问佛陀："为何放出重重佛光神奇变幻，如此美妙？"

佛陀对阿难说："比如老夫妇，祭祀祷告天地，祈求生子。晚年生子，可以支撑门户，怎能不欢喜而相互祝贺呢？这一切生发出菩萨心愿，因此我欢欣雀跃，是因佛种不会断绝的缘故。"

佛陀派须摩提菩萨，经过六十亿如恒河沙数的佛国，到一佛国取狮子座、各种饮食用具。如同伸开手臂的工夫，须摩提菩萨就回来了。庄严高大宽广的狮子座，以及一切物品，都聚会在一起。生发无上平等佛心的人，坐上了狮子座和千叶金莲花上座，还有坐在缀满七宝的帐中以及七宝树下的，竖起了经幢风幡。用七宝做手柄，天界的锦绣为幡，天宫的丝绸为华美的盖顶。佛陀这时叫大千世界变为浴池，七宝莲花，盛开其中。佛陀化身，或变为菩萨，或现法身，或化作帝释天、梵天、四天王。广为布施，供养一切众生。千万种美味的饭食，香飘十方世界，一切众生闻到香味，都生发出无上平等正觉的佛心。香气遍满全身，从毛孔散出，飘散后闻到毛孔散发出香气的，也生发出无上平等正觉的佛心。十方无边世界的佛国，大为震动。各个佛国的佛，都派遣侍奉左右的菩萨前来祝贺。这是如来用一切神通，使人们都生发菩萨慈悲心的缘故。其中有拿着紫金莲花的，有拿着摩尼宝珠莲花的，有拿着明月珠莲花的。他们各持不同的尊贵的珍宝莲花，撒在佛的宝座上。佛陀的法威武神通之力，让所飘散的莲花聚合在一起形成一顶莲花伞盖，覆盖了十方国土。华盖放出光芒，照亮了各个国土，阴暗幽冥之处也变得光明。地狱、饿鬼、禽兽、家畜都生发佛意，立下誓愿，要求听佛陀阐明义理。

佛陀为一切与会的众生讲经说法，不可计数的菩萨证得阶位。还有不可计数的天神、凡人证得不生不灭的真谛。有不可计数的天龙、神灵、人民证得菩萨位。还有一切菩萨、众僧都生发出证悟无上平等的佛心。

【辨析】

这个比喻故事，从结构上看可以分为两个部分：

第一部分，记述和描述了佛陀内心的感喟。佛陀的伤感在于，自己证得了佛果，但弟子们还只是断除了欲界、色界、无色界的妄有见解，除去了人间烦恼的羁绊以及消弭了产生各种人间苦难的业缘，完成了自我解脱的目标，达到了罗汉的境地，尚未达到度脱一切众生脱离苦海的菩萨和佛的境界。

由此可以看到，佛陀这位信仰主义者的心中深深地埋下了一颗理想的种子。佛陀立誓要度尽一切生灵，让世间尽绽无上平等、正觉之花。他为生灵的苦难而感伤，为生灵的美好未来而喜悦。这正是大乘佛教的普度情怀。

在表现方法上，充分调动了弟子阿难"看"的观感，运用了对比，使佛陀感伤时"尊颜无光"，愉悦时面色"端正悦好"，清晰可见，真切感人。对人物面部表情的细致描写，人物情绪的变化转换，构成了整个故事的发展脉络。文章写得跌宕起伏，收到了在细节处见"佛心"，在变化中喻"佛理"的效果。

此外，第一部分还巧妙地运用了两组比喻。第一组比喻，是一个双重的句子。分别由"譬老公姬，生十数女。当能典家，成门户不"和"譬如生女，虽为众多，行嫁适人，公姬孤独，我亦如是"构成。这样的组合，起到了意蕴叠加、层层递进、由人及我的作用。第二组比喻句则由事及理，阐发理趣，"如老公姬，祠天祷地，求索子姓，晚得生男。竖立门户，岂不欢喜，而自劳贺？今诸一切，发摩诃衍意，是以踊跃，佛种不绝故也"。其中，我们也注意到了关于男女的差异性问题。但这里的男女区别，只是对现实社会中"生活真实"的表述，并无明确的男尊女卑的思想意识。

第二部分从佛陀"遣须摩提菩萨"到佛国取"圣物"展开。这一部分的文字，大有汉赋铺张扬厉，穷形尽相，淋漓尽致的特征。如描写佛土莲花，就有"千叶金莲"、"七宝莲花"、"紫磨金莲花"、"摩尼宝莲花"、"明月珠莲花"、"尊宝莲花"等，真可谓：皆为人间珍奇物，佛土莲花处处开。莲花与佛教的关系极为密切，渗透在佛教文化的各个方面，几乎无处不有。莲花出污泥而不染的品格和美丽的形象，既用以比喻佛性，又可代表脱离烦恼到达清净美好的佛国净土。如"我为沙门，处于浊世，当如莲花，不为污染"（《从四十二章经》）。佛陀本人也享有"人中莲花"、"莲花王子"的美誉，因为佛经中常用莲花形容佛陀的庄严妙相，象征佛陀的美德。展示在世人面前的佛和菩萨的雕像，或安踞莲花宝座，或手持莲花，在莲花的衬托下更显佛的庄严神圣。莲花也常比喻菩萨善法。与莲花相关的词语也十分丰富，如"步步生莲"、"口吐莲花"、"舌灿如莲"等。

再如，对"香"的描绘，也调动了嗅觉感受，极尽想象、夸张、铺排之能事。还对"香"的传播效果加以层层渲染，从"闻食香"到"身香"，再从"身香"到"毛孔之香"，具有从宏观到微观、从整体到局部、由面到点，逐层深入的特点。另外，绚丽夺目、灿烂耀眼的佛陀所发金光的描写也令人心动神摇，遐思无限。

本文字里行间，都洋溢着信仰主义者的激情，把佛国的美好描绘到了无以复加、令人叹为观止的程度，既充分显现出理想主义所具有的巨大感召力，又表现出笔者驾驭语言的高超功力。精神感召力和艺术感染力两者互为增色，相得益彰。

六十

少年供佛甘果喻

【题解】

本篇讲述的是一位贫穷的少年，得到一个硕大甜美的果实，本想孝敬父母，却因见佛陀足迹，旋而萌生将果实献给佛陀的愿望。佛陀心智感此真诚，告诉弟子，少年献果之福，远胜于设美味佳肴供奉佛陀以及众弟子的长者。以此喻示：信佛贵在真诚，布施不论多少；度脱不分贫富，得道不在老少。其喻理寄寓着人人平等，佛法度人无贵贱的思想。

【经文】

昔有一人，年少贫苦。行诣他国，得一甘果，香美且大，世所希有。辄爱惜之，不敢［饥－几＋兑］尝[1]。心念父母，欲以果与。即持果，归还耶离[2]。

时佛入城，与诸菩萨、大弟子，俱诣长者家，就檀越请。佛适过去，人未至家，手持果投在佛处。从少及长，未曾闻佛。见佛足迹，相轮如盖，光色众变，亦无缺减。便住足边，视之无厌。心自侥幸，亡悲亡喜："地之行迹，犹尚乃尔。况此人身，诚非世有。度是行人，必当来还。我当掇置[3]，父母之分。待此人至，以果上之。"佛未周旋，人坐迹旁，悲思泪出。道路行者，来问此人："为持果坐此悲耶？"答言："守此无极尊迹，待留神人，冀其当还，欲以此果，自归上之。迟见光颜，未得如愿。自鄙薄祐，是故悲耳。"行路问者，聚观如云，岂怪此人："谓之狂痴。讵知行者，还在何斯，欲待之乎？"

佛到檀越长者家坐，众僧澡讫，以次坐定。长者大小，手下饭具。众味遍设，皆悉备足。佛遥达嚫[4]，道中守迹，持果延竢，欲上佛者。于是食讫，檀越自念："世尊达嚫，属不见及。即遥祝愿，外持果者。将以所供，有不可乎？"

佛告阿难："长者供具，福往耳。所为虽广，意有所冀。心怀四惧[5]，志在灭度。外有年少，手持甘果，一心无他，守我足迹，慈悲待我。思欲上果，用一切故，发大道意。是以在坐，并遥达嚫。长者念言：'是人果施，而无异馔，佛叹其德，甚为高妙。我虽豪富，所设为丰，计意轻重，福为不如。愿侍随佛，往见此人'。"

佛便起坐，到守迹人所。菩萨、弟子、长者、居士并余众辈，应时皆从。彼持果者，遥见佛往，身相众好，光踰日月。即前迎佛，稽首作礼，因以此果，长跪上佛，即发无上平等度意。佛放光明，彻照无极。三千世界，为大震动。十方诸佛及诸菩萨应时皆现。如镜中像，不以远近，无不见者。佛为受其果，转施诸佛等。令一果周遍无极。十方诸佛及诸菩萨，各从袈裟伸金光手，放千亿炎。其一炎端，各各自然，有宝莲花珠交露帐，师子之座，上有坐佛及诸菩萨，皆持宝钵，受得此果。各持一果，神变达嚫，释迦文佛亦复如是。于此世界，照耀十方。虚空神天，一切充满。八维上下，无空缺处。皆助欢喜，赞善称叹，三界诸菩萨，皆得应蒙。时上果者，得不起忍。佛授其决，后当作佛，号"果尊王"，无上正觉。所有国土，如阿弥陀刹。应闻世尊，所别国土，自然清净，得阿惟颜。长者、居士，向道迹者无数千人，不退转地[6]，大度其德如是也。

【注释】

[1]［饥-几+兑］：为古今皆无的异体字。本文意为不敢独自品尝。

[2] 耶离：古印度城市名。

[3] 掇（duō）置：掇，意为拿、拾取。掇置，指拿给。

[4] 达嚫（chèn）：指布施。又指僧尼给施主传法，称法布施。檀越，指施主。

[5] 四惧：对生、老、病、死四种现象的畏惧。

[6] 不退转地：菩萨阶位。十地中，阿维越致菩萨为不退转菩萨，即第七地以上的菩萨果位。

【译文】

少年供奉佛陀甘甜果实的比喻故事

从前有一个人，年轻而贫穷。他来到别的国家，得到一个果子，硕大甜美，为世所稀有之物。他十分珍惜，不敢独自品尝。心里想着父母，要把果子给他们。就拿着果子，回到家乡毗耶离城。

此时，正巧佛陀来到毗耶离城，与众菩萨和弟子们一起应施主邀请，到一位受尊敬的长者家做客。佛陀刚过去，还没到家的年轻人，就把果子放到佛陀经过的足迹上。他从小到大，未曾听说过佛，看见佛陀的足迹，有如华盖的千辐轮，光彩变幻，并无缺损。于是，他就驻足观看，怎么看也看不够。年轻人感到自己很幸运，忘掉了所有的悲喜，心想："地上的足迹，尚且如此。更何况此人的相貌，定非世间所有。料想他是出行，一定会回来。我应当把拿给父母的果子，等此人来时献给他。"佛陀未返回，青年坐在足迹旁，悲伤地流泪。路边的行人问他："为什么拿着果子坐在这里悲泣呢？"回答："守着无比尊贵的足迹，等待着神圣的人，希冀他返回时，以此果献上。但迟迟不见其人，未能如愿，自己卑微福薄，因此悲伤。"行路的人聚集围观，觉得此人怪异，认为他愚痴："怎么知道那人还会回来，还要在这等候？"

佛陀来到年长的施主家坐下，僧人洗完手后，依次坐定。长者一家老少，一起动手准备好餐具，摆上了各种美味的饭菜。佛陀感知到在路旁守着足迹、要献果子的人，就为其行法布施。吃完饭后，施主心想："佛陀行法布施，遥远的祝愿却只给那个还没有见到、在外奉持果子的人。难道是我的供奉，还有不周到的地方？"

佛陀对阿难说："长者的供奉，是为了得到福报。所做的虽多，但心有所求。畏惧生老病死，意在求度脱。外面的年轻人，手拿甘甜的果子，一心一意守在我的足迹旁，以慈悲心对待我。要献上的果子，是他拥有的最好的东西。生发了广大的佛心，因此在这里，为他行法布施。"长者心想："那人仅有果施，并无佳肴，佛陀却赞其功德十分高尚美好。我虽富有，所献的布施丰厚，但算起来，福报还不如他。愿随佛陀，去见一下这人。"

佛陀起身离座，来到守佛足迹人的地方。菩萨、弟子、长者、信众等许多人，都随佛同去。拿果子的年轻人，远远看见佛陀，三十二种端庄美好的身相，耀眼的光华胜过日月。他立即上前迎接佛陀，躬首行礼后，把这一甜美的果子，跪着捧给佛陀，随即生发出无上平等正觉的度脱之心。佛陀放射出光明，彻底照亮了无边无际的世界。三千大千世界，为之震动。十方世界的佛以及菩萨随即显现。犹如镜中的影像，不论远近，尽显无遗。佛陀接受了果子，转手分给诸佛和菩萨，使一个果子，传遍世界。十方诸佛及菩萨，都从袈裟中伸出金光闪耀的手来，放射出千亿光焰。每一光焰的末端，都自然现出宝珠莲花交织的帐篷，在狮子座上，坐着佛和各位菩萨，他们都手持宝钵，接受这一果子。每人拿一个果子，神通变化行法布施，佛陀也是如此。于是佛世界，照耀十方。天地间的神灵、天人，纷纷显现。东、南、西、北、东南、西南、东北、西北、上、下，无一空缺，都来助此欢喜，称赞感叹善缘。三界众菩萨都得到供奉。这时供果子的年轻人，证得菩萨果位。佛陀印证他，将证悟成佛，称为"果尊王"，得无上正觉。所拥有的国土，如佛土。知如来一切佛土，自然清净，得弥勒佛果。长者和信众，无数心向佛法的人们，证入菩萨境地。佛陀普度众生的功德就是这样。

【辨析】

这篇佛经采用了"以小见大"的表现方法。用年轻人把他仅有的一个果子献给佛陀，来说明果子虽小，但其心赤诚，仍然可以成就佛果。所谓一滴水，可以反映太阳的光辉；一颗佛心，可以牵出大千世界。其一果，成千万果，供十方佛，得见一切佛国，助无数信众成就菩萨境地。这种环环相因、步步深入，极尽渲染和想象的描写，不仅产生了很强的艺术感染力，而且给了我们很好的启示：

其一，做善事、行布施，是不分财力大小的，人人皆可做慈善，关键在于有没有尽力，够不够真诚。美国费城有一个小女孩，家里很穷，她捐出自己用了两年才积攒下的57美分，帮助人们扩建一个小教堂。57美分，多么微不足道！然而，正是在小女孩爱心的感召下，几年中，捐款就达到了25万美元，建成了一座可以容纳一千人的教堂。这57美分，创造了博爱的历史。我们能说行善只是富人的事吗？善行，哪怕是微不足道的，也会成就圆满，惠及众人。

其二，纯粹善良的起心动念，没有任何的功利目的，才会得到更好的回报。一个人的行善如果是为了出名、为了炫耀、为了获得更多的钱财等，抱着这种动机和心态，反而得不到上天的馈赠，不会拥有幸福和富足的人生。这篇比喻故事中不求任何回报的少年，却得到了意想不到的果报。

故事还成功地运用了心理刻画的手法。年轻人献果的诚心，就是以内心独白的方法来表现的。对长者的心理刻画，也合乎情理，令人信服。同时，还通过年轻人与路人的对话，以及围观者的讥笑，反衬出他的诚心笃志，也为佛陀对他的嘉许做了铺垫，使故事情节波澜起伏，引人入胜。

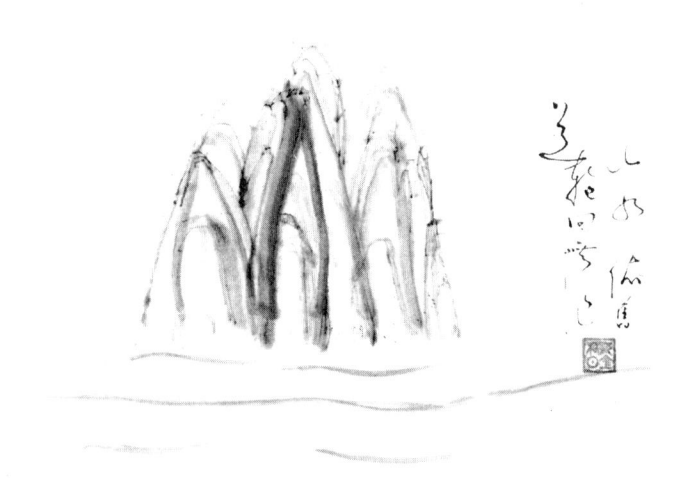

六十一

念佛功德喻

【题解】

佛教认为，即使是三界中的欲界诸天，因为是"天人"，尽管可以享受天界之乐，但还要转生于六道。故事中的"天人"知其来日，将为猪仔，故请佛转生为人。佛陀的办法是，每日反复念诵佛、法、僧"三宝"。这种诵颂佛号的方法，由于其简单易行，对于终日劳碌的人来说，可以在念诵中求得解脱，祈求来生的幸福。于是，很快就在民间流行起来。

【经文】

昔佛往到第二忉利天上，为母说经[1]。时有一天，寿命垂尽。有七事为应：一者，项中光灭；二者，头上傅饰华萎；三者，面色变；四者，衣上有尘；五者，腋下汗出；六者，身形瘦；七者，离本坐。即自思惟："寿终之后，当弃天座，七宝殿馆。浴池、园果、自然饮食、众伎女乐。更当下生于拘夷那竭国[2]，疥癞母猪腹中作子。"甚预愁忧，不知当作何等方便，得免此罪？

有天语言："今佛在此为母说经，佛为三世一切之救，唯佛能脱卿之罪耳。"即到佛所，稽首作礼，未及发问，佛告天子："一切万物，皆归无常，汝素所知，何为忧愁？"天白佛言："虽知天福，不可得久。恨离此座，当为疥癞母猪作豚。以是为毒，趣受他身，不敢为恐也。"佛言："欲离豚身，当三自归言[3]：'南无佛'、'南无法'、'南无比丘僧'；'归命佛'、'归命法'、'归命比丘僧'，如是日三。"

天从佛教，晨夜自归。却后七日，天即寿尽。来下生于维耶离国，作长者子。在母胞胎，日三自归。始生坠地，亦跪自归。其母娩娠又无恶露，母旁侍婢，怖而弃走，母亦深怪。儿坠地语，谓之荧惑[4]。意欲杀之，退自念言："我少子怪，若杀此儿，父必罪我。徐白长者，杀之不晚。"母即收儿，往白长者言："产生一男，甫初堕地，长跪叉手，自归三尊。阖门怪之，谓为荧惑。"父言："止、止，此儿非凡。人生在世，行年百岁，或八九十。每尚不晓自归三尊。况儿堕地能称南无佛，好养视之，慎无轻慢。"

儿遂长大，年向七岁，与其辈类，于道边戏。时佛弟子舍利弗、摩诃目揵连适过儿旁。儿前礼足言："和南[5]舍利弗、摩诃目揵连。"舍利弗、摩诃目揵连惊怪："小儿能礼比丘。"儿言："道人不识我耶。佛于天上为母说经，我时为天，当下作猪。从佛之教，自归得人。"比丘即禅亦寻知之。即为咒愿言："咨梨祇。"[6]儿语目连及舍利弗："愿以我声，因请世尊、诸菩萨僧，并及仁等。"目揵连、舍利弗然受其言。儿便还归，白父母言："属者游戏，见佛二弟子过。即因请佛及四辈[7]饭，愿办其甘脆。"父母爱之，从其所言。异其年幼，开发大意；又奇所作，操识宿命。为极珍妙尽世名味，求具精细，过蹹儿意。

佛及众僧各以功德，作神足来到儿舍饭。父母小大，供养毕讫，行香澡水，如法皆了。佛为说经，父母及儿、内外亲属，应时皆得阿惟越致。自归之福，所度如是，况乃终年修道教乎？

【注释】

［1］第二忉利天上，为母说经句：忉利天，译为三十三天，为欲界的第二层天。其东、西、南、北，各有八天，共三十二天。中间叫三十三天。三十三天的天主叫帝释天，是佛教的护法。佛陀生母摩耶夫人，是净饭王妃。她生下佛陀七天，因难产去世。

［2］拘夷那竭国：梵文音译，又称拘尸城，今印度北部一带。相传是佛陀涅槃之地，为佛教的四大圣地之一。

［3］三自归：指三皈依，即皈依佛、法、僧。

［4］荧惑：火星在中国古代称之为"荧惑"。本文意为"灾星"，凶兆。

［5］和南：礼法。意指敬礼、度我、稽首等。

［6］咨梨衹：梵文音译，为咒语。依例陀罗尼不翻，即咒语不译。意为"如愿"。

［7］四辈：指僧、尼、男、女，佛教信众。

【译文】

念佛号得福报的比喻故事

从前佛陀到天界，为母亲摩耶夫人讲经。当时在天界有一位天人，寿命将尽。有七种先兆：第一种，脖项上的光环消失；第二种，头上戴的装饰花枯萎；第三种，不复往日的容光；第四种，身上的衣物蒙尘；第五种，腋下出汗；第六种，身形消瘦；第七种，不能坐到原来的位置上做事。他心中暗想："寿终之后，会舍弃天庭的宝座，紫金、白银、琉璃、水精、砗磲、珊瑚、琥珀七宝构成的宫殿，以及浴池、果园、天然的饮食、众多的艺妓。更难堪的是要投生到欲界那个在北印的拘尸城，在满身疥疮的母猪腹中作猪仔。"为此十分忧愁，也不知道用什么方法，可以免除这样的罪业。

有一位天人对他说："现在佛陀在这里为他母亲讲经。佛陀为欲界、色界、无色界中过去、现在、未来三世一切众生救度，只有他能解脱你的罪业。"这位将投生的天人，随即来到佛陀的住所，跪拜行礼后，还没来得及发问，佛陀就告诉这位天人："一切事物，皆归于无常，你既然知道，又何必为此忧愁？"天人回答说："虽然知道天界之福报不能永久，但痛恨离开这里后，将成为疥疮母猪的猪仔，为此而忧愁。如能投胎人处，就不敢抱怨了。"佛陀说："要想脱离猪胎，应当三自皈依，并念诵：'皈依佛'、'皈依法'、'皈依僧'；'归命佛陀'、'归命佛法'、'归命佛僧'，这样每日三遍以上。"

天人遵从佛陀的教诲，从早到晚念诵三自皈依。随后七天，天人寿终，投生到北印的维耶离城，为一位德高望重的长者做儿子。在母亲腹中，每日诵三自皈依。出生落地时，也跪拜念诵三自皈依。他母亲分娩时，没有羊水污血，母亲身旁服侍的女仆，都感到害怕而逃走，他母亲深感怪异，这孩子一落地就会说话，恐怕是凶兆，想杀了他。可又退一步自言自语地说："我嫌子怪异就杀了他，父亲一定会怪罪我，先告诉长者，再杀也不晚。"母亲随即将儿子裹好，抱往丈夫长者处说："生下一位男儿，一落地，就长跪合十，自己念诵皈依佛、法、僧。家里人都感到怪异，称其为凶兆。"父亲说："打住、打住，这孩子绝非凡人。人生在世，不过百年，或只有八九十年，都常常不知道要皈依佛、法、僧。这小儿一落地，就能念诵皈依佛，一定要好好养护，千万不能怠慢。"

孩子逐渐长大，七岁的时候，他在路边正和其他孩子玩耍。这时佛十大弟子之一的舍利弗、大目犍连正好经过孩子的身边。男孩向前施拜足礼后说："皈依舍利弗、大目犍连。"

舍利弗、目犍连惊奇地说："这男孩知道礼拜出家人。"男孩说："你们不认识我了？佛陀在天界为母亲讲经时，我那时为天人，本应该投生下界做猪。遵从佛陀的教诲，诵念皈依佛、法、僧得以成人。"两位出家人随即禅定冥想，也知道了前缘，随即为他念佛咒加持和祝福："咨梨祇。"男孩对目犍连以及舍利弗说："愿以我的真诚，恳请佛陀、各位菩萨、得道高僧以及修学的同仁等来家里。"目犍连、舍利弗欣然接受了邀请。男孩回家后，对父母说："我们玩耍时，看见佛陀的两位弟子经过，随即邀请佛陀以及僧、尼、男女信众，请备办美食为他们设盛宴。"父母听后很高兴，同意按他的话办。惊奇他小小的年纪，就有如此宏愿；又奇异他的作为，能了知其宿命因缘。他们为客人准备了丰盛的各种各样的世间美味佳肴，并务求精美细致，远远超过了儿子的意愿。

佛陀以及高僧都施展佛法，以神足通应邀来到孩子的家用斋。父母、全家老少供奉完毕，焚香洗漱，一切都结束后。佛陀为他们解说佛经，父母以及男孩、家里的亲属，当时都证得菩萨的境地。自行皈依佛、法、僧的福报，尚且如此，更何况长年累月都修持佛理的人呢？

【辨析】

这个故事讲述了一位"天人"，原应投生到"欲界"变猪仔，后诵念三皈依成世间人，又供养佛及僧成就了菩萨。过去、现在、未来三世的因缘，在本篇中被巧妙地编织在一起，在故事情节发展的过程中，不知不觉地导入了佛教的因缘论和念佛号成就功德的教理，成为本篇的一个显著特点。

其中，对天界退转到欲界的七种现象的描绘特别引人注目，运用了"逆向思维"的方法，具有更加深刻的内涵。"七事"所描写的，从本质上讲，都是我们观察和体验得到的婆娑世界人的身体变化，它写出了人的生命走向衰亡时的种种表征，也反映出对死亡的感知与思考，极易给人以具体而真实的感受。但是"天界"中的"天人"毕竟是无法证实的，因此，用生活中的真实，来说明和证实理想的真实，这种方法也是佛教经典的一大创造。用消失的"七种表现"，反向证实了"天界"的存在，说明了"天人"的美好生活。这种理想化了的世界，表现了人类的追求精神。同时，也是对现实世界的一种批判和否定，仍然具有认识意义。

此外，关于"天人"或变成"疥疮猪仔"，或变成"富家男孩"的选择，写得自然可信，是顺理成章、毋庸置疑的事情。因为逢凶化吉、趋利避害，是正常情况下人所具有的本能选择。两个选择对象的强烈对比和巨大反差，有力地烘托出了"天人"选择三皈依的必然性。选择皈依佛法，才是真正脱离烦恼、度脱人生苦难的"正道"，也就成为本文的寓意所在。

后　记

　　本书为笔者承担的教育部社会科学基金项目"佛教比喻经典注译、评介、辨析与研究"的研究成果之一，为"佛教比喻经典丛书"中的第二本。佛典的整理和研究，是我多年来从事的工作，这需要孜孜不倦、持之以恒的态度，也是一个经年劳作、克服困难的过程。

　　当夜阑人静，窗外子夜的星光，已经被校园外闪烁的霓虹灯和电子大屏幕的灯光掩去的时候，也往往是自己工作开展最顺利，并渐入佳境的时候。在长安暑期，这个"七月流火"的季节，如期杀青《旧杂譬喻经注译与辨析》一稿，也使自己从心底泛上一阵阵"轻安喜乐"的惬意，在写作的过程中，始终有种时不我待的感受。

　　本书在出版时，曾听取了西安电子科技大学宗教学专业部分研究生的修改意见；师兄陕西社会科学院宗教所王亚荣研究员、同年学长中国社会科学院宗教所魏道儒学部委员、师弟西北大学佛教研究所所长李利安教授，都给予了热情鼓励和建议，在此一并致谢。

　　感谢中国社会科学出版社同仁们的热情帮助；策划胡靖先生、特邀编辑林福国先生，为本书的出版，提出了许多宝贵的修改意见，做了许多工作，值本书付梓之际，谨致诚挚的敬意。衷心地期望本书能得到读者的喜爱。

荆三隆记于 2011 年 8 月
长安怡然书斋